随园大家丛书

其命惟新
傅抱石

奎潮　光霁　编著

南京师范大学出版社

目录

壹　少年时代：遍尝生活铸真性

一、生活底层的磨砺……003

二、血浓于水　青胜于蓝……015

三、艰难求学路……028

四、假作真时真亦假……039

贰　青年时期：生逢乱世求自立

一、斗群英立威信……053

二、挚爱……065

三、良师与益友……082

四、正名：为中国美术……096

五、名扬海外……108

叁　事业巅峰：搜尽奇峰造真境

一、金刚坡"抱石皴"……125

二、新变：毛泽东诗意画中探索……139

三、东欧之旅……153

四、江山如此多娇……160

肆　转折与思变：新时代里新丹青

一、二万三千里写生……175

二、东北行……184

三、真实的性灵……195

伍　生命尽头：留给世人的思考

一、傅抱石与随园……211

二、作为父亲的傅抱石……223

三、未完成的画……241

四、一笔珍贵的精神财富……254

本书参考资料……267

壹

少年时代：遍尝生活铸真性

清光绪三十年，甲辰八月二十六日，即公元1904年10月5日，位于南昌建德观一带贫民聚居的棚户区，一间名为"傅得泰"的修伞铺里，降生了一个男婴。其父傅文苡抱着孩子，本是件令人喜不自胜的事情，但喜得贵子的父亲环顾自己这个残旧破败的修伞铺，再想到前几个孩子相继夭折的命运，怎么也欢喜不起来，反而显得忧心忡忡。为了图个吉利，父亲给这个男婴取了个"长生"的乳名。

一　生活底层的磨砺

江西省景德镇是中外闻名的瓷都，与广东佛山、湖北汉口、河南朱仙镇并称为明清时期的中国四大名镇，距离景德镇 200 公里外的省会南昌便成了瓷器贸易的集散地，即便是穷人的家庭也大量使用着日用瓷器。虽然在 19 世纪初，由于战争频繁，政局动荡，瓷器产业已大不如前，但是即使在那个贫穷和黑暗的时代，那些瓷碗、瓷壶和瓷瓶上的图案花纹，也以其或粗拙或精细的艺术描绘，给苦难中的人们带来些许的心灵慰藉，唤起人们心底对理想生活的憧憬。

清光绪三十年，甲辰八月二十六日，即公元 1904 年 10 月 5 日，位于南昌建德观一带贫民聚居的棚户区，一间名为"傅得泰"的修伞铺里，降生了一个男婴。其父傅文苡抱着孩子，本是件令人喜不自胜的事情，但喜得贵子的父亲环顾自己这个残旧破败的修伞铺，再想到前几个孩子相继夭折的命运，怎么也欢喜不起来，反而忧心忡忡。为了图个吉利，父亲给这个男婴取了个"长生"的乳名。

真是越担心越出状况，傅文苡夫妇很快在孩子身上发现了异常：小长生哭声响亮，奶也吃个不停，可就是双眼紧闭，不肯睁开。母亲徐氏以为自己生了一个瞎子，不禁慨叹自己命运凄苦。在那个年代，人们普遍缺乏卫生知识，所以没有人能够给出科学的解释。其实问题并不像傅文苡夫妇想的那样严重，那不过是因为接生婆在接生过程中处理不慎，引起了婴儿眼部感染。因为当时知识和医疗条件的匮乏，这给傅家人带来很重的精神负担。傅文苡生了儿子之后反倒愁眉苦脸，妻子徐氏产后营养跟不上，加上心中抑郁，消瘦得厉害。

傅文苡夫妇一向乐于助人，在街坊中口碑很好，傅家生子，街坊邻居纷纷前来探望，好言劝慰，有的说长生天庭饱满，将来必有一番大作为，有的说吉人自有天相，将来遇见贵人，眼睛自然就睁开了。夫妻俩当然知道这都是街坊们的安慰之词，代表着大家的一番好意，但人情的善良与淳朴，使他们得到了些许安慰，心里也好受了许多，无论如何，孩子是父母的心头肉，虽然孩子身体有"疾"，他们也视为命根子，决心将他好好抚养长大。

在夫妻俩的悉心照料下，小长生眼睛的症状渐渐好转，其他身体状况也和一般孩子没什么差别。奇迹发生在满月后的第二天清晨，小长生忽然睁开了一双炯炯有神的大眼睛。傅文苡夫妇惊喜不已，邻居们也闻讯而至，大伙儿都争相目睹这个小生命身上发生的奇迹。在他们的心目中，小长生身上发生的奇迹，仿佛冥冥之中有神灵保佑，纷纷表达祝贺之意，他们也对孩子的父母说，这孩子将来一定会有大出息。善良的邻居们自然想不到，这些原本用来安慰夫妇二人的吉言在未来会得到应验。这个叫长生的孩子，会为这个世界贡献出辉煌的文化瑰宝，并被载入中华民族文化历史的长卷。

这个孩子就是后来享誉中外的艺术大师,并被另一位艺术大师徐悲鸿先生称为"巨星"的美术教育家、美术史论家、金石学家和国画大师傅抱石先生。

小长生在幼年时期就显露出善于观察和勤于动手的天性。因此,在当时人看来最狭小、最杂乱的棚户区反倒成为小长生汲取艺术养分的第一块沃土。

首先引起小长生注意的便是随处可见的瓷器。这些日常所用的瓶瓶罐罐上都会画点花鸟鱼虫或是山水树石。虽然大多做工粗糙,但是在小长生眼中,那些鲜艳的色彩和栩栩如生的景物可比眼前的世界开阔多了,好像那里才是属于他的世界。

由于棚户区里的住户都是贫民,同命相连,加上民风淳朴,大家有事相互照应,处得像是一家人,孩子们更是不分你我,毫不拘束。得此便利,小长生时常无拘无束地走动于各门各户之间。偶尔,他会在这家发现个画着牛郎织女的饭碗,又会在那家发现个画着水浒英雄的茶壶,看到这些,他就像遇到了宝贝,爱不释手,流连忘返。由眼观,到心慕,由心慕,到产生自己动手模仿的念头,这也许就是这个日后的大画家最初的艺术启蒙。于是,他拿着小木棍儿,照着饭碗、茶壶上的画面,在地上一笔一画地画起来。这样的画,画完了没法保存,小长生感到不满足。后来,他就想办法去各家收集废旧的小纸片,再跟大人要几支几乎写不了字的旧毛笔和剩下一点的墨头。有了这些家伙,他就像模像样地自个儿磨墨,作起画来。

同龄的孩子们整天打打闹闹,嬉戏玩耍,与小长生安静画画的景象形成了强烈的对比。邻居们对这个孩子越来越好奇,长生的母亲乐得清静,任由他去画。时间一长,小长生画得与瓷器上的图案越来越像,人物特征分明,鸟兽栩栩如生。棚户区本就没几个识字的人,更别说画画了,邻居们一个个惊得目瞪口呆。一时间,小长生成了棚户区里的名人,父母亲在为孩子受到夸赞而高兴的同时,开始商量着要想办法让长生接受正统教育,将来出人头地,走出这片棚户区。

对于穷苦人家,孩子上学读书谈何容易。父母亲想让长生受教育,是为了将来离开棚户区,可没曾想到,恰恰是这个聚集着三教九流的小天地里充满了关切和爱心,帮助长生获得了人生最初的启蒙教育。

傅家街坊之中有位姓陶的巡警,其负责管理的正是这一区的街道,每天巡街都要从修伞铺门前经过。徐氏是个热情好客的人,每次看到老陶经过,都会喊他进屋喝口茶,歇歇脚。铺子里地方小,大人们聊家常,小长生就自顾自地在旁边画画。老陶也听说了关于小长生的种种传闻,再亲眼看见这么丁点儿大的小子竟能把瓷器上的画原封不动地临摹下来,真是惊叹不已。

老陶虽是巡警,日子过得却也好不到哪里去。他住在棚户

◎ 傅抱石从青年时期就抱定做中华民族优秀绘画传统继承者与革新者的志向,他自刻的这方"其命惟新"的印章,是其志向的写照

区,深刻感受到普通老百姓生活的艰难,再联想到自己替官府当差,被人当做看街狗的境遇,不禁对小长生产生了怜惜之情。有一回,他对傅家夫妇说:"我看长生这孩子天资聪慧,得让他上学读书,将来才会有大出息。"长生父母犯了难,他们当然想让孩子上学堂,但苦于家里太穷,实在供不起。老陶会意,想了一想,说:"这样吧,从今往后,我每天路过你家就进来写两个字教他,且看他的造化了。"徐氏一听,激动得赶紧道谢。

从此,小长生有了第一位老师。老陶依约每天教两个字,长生也用心地将两个字牢牢记住。没过多久,老陶就欣喜地发现,小长生记忆力惊人,不论什么字,第二天都能准确地写出来。老陶暗想自己没看走眼,全心尽力地教下去,从每天教两个字加到每天四个,再到每天八个。可是,老陶作为一名巡警,识字也就是用来认认地名、门牌,肚子里的墨水实在有限,每天八个字,一个月就是两百四十个,很快他就被小长生掏空了。

老陶倒也十分仗义,凭着他当巡警的面子,找到一位教私塾的先生,让长生免费当个旁听生。这位先生姓俞,原是前清的老秀才,开了一家酱园做老板,同时凭借自己的秀才身份在新喻会馆设立私塾。这位老先生只认银元不认人,老陶纵然把长生的天资说得再高,老先生也只是碍于巡警的面子才收了人,心里却十分不情愿。

这一年,长生七岁,每天带个小板凳坐在会馆的角落里旁听。那些富家子弟哪有长生这般勤奋,不过多久,他便把"四书"、"五经"背得滚瓜烂熟。老陶看着长生识的字比自己还多,真心为这孩子感到高兴,而长生的父亲母亲更是把全部的希望投入到孩子身上。

只是好景不长。长生免费听课本就让老先生感到不快,加上活泼好动,难免有些淘气,被先生体罚起来也就比其他孩子更加严厉。有一次,长生在课堂上调皮,先生根本不容他辩解,扬起一尺多长、一寸多宽的"戒尺"照着后脑勺就打了下去。平常打手心都能打得皮开肉绽的"戒尺",打在后脑勺上还得了,小长生立刻倒了下去,鲜血四溅。同学们都怕要出人命,但是俞老头自恃先生身份,体罚学生是天经地义的事情,看也不多看一眼,就拂袖而去。同学们只好抓一把门角里的灰尘,拍在长生的伤口上,总算把血止住了。这一块伤疤陪着长生长达五十多载,永远也长不出头发。

贫困的生活造就了长生极其倔强的性格,他怕父母担心,便咬牙忍住剧痛,一声不吭地回家了。吃完晚饭,长生躺在床上疼得撕心裂肺,怒火烧得他彻夜难眠。长生蹿起身,向俞老头的酱园狂奔而去。乘着天黑,他抄起几枚大鹅卵石,挨个儿向酱缸下半部砸去。由于盛了黏黏稠稠的酱,被石头一砸,酱缸虽然破了却只发出闷响,没有惊动俞老头。长生发泄之后,自感闯了大祸,便悄悄溜回家,装作睡觉。

俞老头有每晚检查酱缸的习惯,走着走着,脚底一滑,栽了一个大跟头。老头坐在地上,摸着周围湿乎乎的东西,放到鼻子下面一闻,吓得整个人都要晕倒了。过了一会儿,伙计们点上蜡烛这么一照,才发现满院子都是酱汁,损失颇大。俞老头心念一转,心想今天只体罚过小长生,除了他还有谁有这么大的胆子,便带着几个健壮的伙计到修伞铺兴师问罪去了。

俞老头气势汹汹地叫门,引来不少街坊围观。徐氏是性情中人,把门帘一拉,让大家看看好端端睡在床上的长生,反驳道:"孩子整晚都睡着,怎么砸你家的酱缸?没有真凭实据不许诬赖我家孩子!"一众街坊们也看不惯俞老头蛮横的作态,都帮着傅家说话。老头虽然一口咬定是长生干的,但是毕竟没有确实的证据,加上在众人面前也羞于说出白天体罚的事情,只好带着人悻悻然走了。不过临走之前,俞老头还不忘恶毒地说道:"畜生哪配读书,以后不许再进学堂!"

关起门来,母亲再细问长生,长生才一五一十地将被打头,恼羞成怒砸了酱缸的事情老老实实地说出来。徐氏捧来清水,一边心疼地给儿子清洗伤口,一边泣不成声地说:"先生虽然过分,但先生毕竟是先生,他叫你读书识字也是为了你好。你父亲便是吃了不识字的亏,一辈子只能守着修伞铺过活。你忍一忍,将来学有所成,也好为我们家争上一口气。"徐氏心里纵然千般难受,但是想到穷人家的孩子进入私塾学习的种种不易,还是叫他去求老师宽恕,砸坏酱缸的损失他们认了,希望能让长生继续读书。

长生看不过母亲流泪,只好答应下来。可一想到俞老头的丑陋嘴脸和临走前的一番恶语,便打定主意,绝不回去。他每天早上依旧带个板凳出门,下课准时回家,让母亲以为自己重新回到私塾读书。实际上,长生得到伙伴们的帮助,凑了几个钱,贩来甘蔗去市集卖。没有钱买甘蔗刨子,长生就从家里偷出一把弯刀,照样把甘蔗皮削得又薄又光。

久而久之,长生削甘蔗的技术竟成了招揽生意的绝活,每天都有一大群人围着看热闹。长生的个子还没甘蔗高,却把刀使得又快又准,手起刀落间,甘蔗削了皮,还整整齐齐地分了段,大家不禁拍手叫好。有好事者跟他打赌,如果一刀能从上到下劈开一整根甘蔗,便送上一根甘蔗的钱,而不要甘蔗。长生一刀到底,毫不含糊,赢下了钱,又把甘蔗劈成段,送给捧场的人吃。输的人高兴,看的人开心,生意竟然越来越红火。

忽然有一天,长生母亲发现家中的弯刀不见了,猜想便是儿子拿了去。疑惑之间,徐氏悄悄跟随长生出门,看到集市上的一幕,顿时气得七窍生烟,把长生拎了回去。母亲知道长生的倔强性格,纵使强逼他回到私塾,也难免再去闯祸,其中当然也夹杂着母亲那颗不愿孩子受到屈辱的怜爱之心。她只能再次慨叹命运的不幸,要让刚刚出现的希望再次幻灭。可是生活还将继续,卖甘蔗毕竟不是长久之计,还是学一点谋生的手艺吧,这个手艺自然就是帮着父亲修伞。

长生在经历短暂的私塾学习之后,日子仿佛又回到从前,生活的重心又回到一家人赖以生存的棚户区里。有活儿的时候,长生就跟在父亲身边一边学习修伞的技术,一边打打下手;没活儿的时候,长生依然进行他喜欢的绘画。

时局的动荡使得棚户区的居民流通量很大,时常有旧邻居搬走,也时常有新邻居搬进来,各行各业的小商小贩们都喜欢在这里摆摊,做点小生意。时间一长,各式各样、五花八门的买卖应有尽有。有一天,在"傅得泰"修伞铺东边不远处,就来了一个郑老板,摆一张小方桌经营起一个刻字摊,专门替人刻印章。

小方桌上整齐摆放着木制印床、刻刀、笔墨纸砚和各式各样的印材。这些印材有石头的、牛角的、黄杨木的、铜的,甚至还有象牙的,印纽上还雕着老虎、狮子,或是龙、凤、麒麟等等,十分精致可爱。这当然逃不过长生的眼睛,他近水楼台地天天过来看郑老板捣鼓这些小玩意儿。

郑老板做活之前,首先要翻阅一本书页泛黄的《康熙字典》,找出所要刻的字。因为字典里的字都标出了篆体的写法,郑老板只要照着临摹到薄纸上,再把薄纸反贴到印章底上,将印章夹在印床中,就可以动刀刻了。雕刻出来的篆字方方正正,蘸上印泥盖在纸上,就出现了或白或红的各种不同小字,并且还有着不同的排列组合。长生看得出神,觉得这比修伞有趣得多,甚至比瓷器上的图案还要神奇。

郑老板见这孩子天天都来,而且看得如此专注,感到十分有趣。闲来无事的时候,他就给长生讲其中的门道。有的刻过的旧印章需要磨去,长生就主动帮助郑老板磨印。但即便是磨印这种简单的活儿也需要技巧。长生一开始只顾放在砂纸上来来回回转着圈磨,可就是磨不平,中间部分会鼓起来。经郑老板指点,长生渐渐明白要拿稳印章,不断朝一个方向磨,才能磨平。小小的细节让长生越发感到刻印的精妙。

郑老板看出长生好学,对自己也十分尊重,便送了他一把用旧的刻刀和一些粗制的石料,让他试着刻一刻。长生当然欣喜若狂,可惜还缺少一样重要的法宝——《康熙字典》。这是郑老板吃饭的家伙,他当个宝贝似的随身携带,当然不可能借给长生。只是刻印要使用篆体,周围都没人会写,长生还是没法刻印。

多方打听之下,长生得知书坊有袖珍的《康熙字典》卖,价格虽不算很贵,但对于长生家还是太奢侈了。长生不敢跟家里开口,心里又成天想着,加上患了麻疹,茶不思饭不想,身体日渐虚弱。这时候,恰巧姐夫来看望他,几番追问,长生才悄悄向他说出原因。这位姐夫姓胡,是长生的姐姐招弟的丈夫,在南昌城中是位名厨,因为刀工了得,人送外号"头把刀"。虽然招弟小时候因为脑震荡变得痴痴呆呆,但是胡师傅一直对她呵护有加,可见其人品很好。他听说了长生的心病之后,微微一笑,说:"一本字典有何难的。"长生一听,高兴得几乎跳起来,又能吃又能睡了。

不久,长生病愈,如愿以偿地从姐夫手里得到一本袖珍《康熙字典》。从此,他每天照着字典自学篆书,甚至练就了把篆字直接反写在印章上的本事。于是,他把那几枚粗制的石料刻了磨,磨了再刻。既然没有印床,就干脆徒手握着刻。一不小心刀就会从坚硬的石料上滑到手上,将长生的手指划得血肉模糊。可小小年纪的长生根本顾不了那么多,终日沉浸在篆刻的快乐当中。

好事成双,在修伞铺的西边又开了一家裱画铺,老板姓刘,夫妻两人一同经营。一进店门,堂中央有一个红漆大案,上面琳琅满目地摆放着排笔、尺刀、纸张、画轴等工具。四面墙上挨个挂着一幅幅已经裱好的字画。这可让长生乐开了花,东边刻印的邻居已经让他获益匪浅,这西边来的新邻居怎能轻易放过,他又是整天往裱画店里跑。

为了不让刘老板夫妇嫌自己妨碍了生意,长生又使出用在郑老板身上的那一招——主动帮助夫妻俩干活。因为没有伙计,生意好的时候,夫妇俩还真忙不过来。于是,什么调糨糊,递棕刷、尺刀,整理工具,搬动杂物之类,只要能干的,长生都抢着干。

夫妇俩看长生这么机灵,也十分喜欢,总是热情欢迎他来店里玩。他们还不知道,长生是冲着满墙的画来的。经过长生仔细观察,他发现这些画跟烧在瓷器上的大不一样。虽然他一时也弄不清到底哪里不一样,但总觉得这些画真切得多,并且还包涵着某种意境。别看这裱画铺不大,可因为老板手艺不错,送来裱的画不仅有普通的作品,有时也能见到极其珍贵的大家之作。长生经常观摩,竟也能揣摩出一些画的用笔技法,自己回家在绘画中反复试验,绘画水平突飞猛进。

天下的巧合多的是,区别在于巧合中的人能否将命运掌握在自己手中,而长生凭借自己的一双慧眼和勤奋思考的脑袋,总能将机遇变为提高自身技艺的阶梯。

◎ 傅抱石的母亲徐太夫人性格坚韧豪爽,对傅抱石影响极大

当地有一位名为左莲青的画家,因为有几分才情,找他作画的人原本不少,谁知他不懂得自爱,染上了鸦片的毒瘾,从此穷困潦倒。如果有人找他作画,只要请他抽足烟,过足瘾,钱也不用给几个。估计家里连副像样的笔墨纸砚也买不起,有人找上门的时候,左莲青只好到刘老板的店里借笔作画,画完就地装裱。机会难得,只要听说左莲青来作画,长生就必定跑来现场观摩,并悄悄记下他运笔作画的方法。

画者无心,看者有心。长生的绘画技巧再也不会局限于临摹瓷器上的图案了,他开始接触到真正意义上的绘画,他心中有着强烈的热望,脑海中充满了奇思妙想的画面,他想把它们统统都画出来。

由于干的是裱画的营生,刘老板看过的画数也数不清,看过作画的人也数不清,他从长生作画的小纸片上看出了广阔无垠的幻想世界和别人所没有的对绘画的执着和信念。刘老板是爱才之人,对长生又很喜欢,于是将自家的笔墨纸砚提供给长生作画用,并随便他临摹店里的画。

终于,长生再也不用收集小纸片了,能用上宣纸,还有那么多原画供他临摹,他就像获得了新生,进入画的梦境。他越画越觉得其中乐趣无穷,越画越是如痴如醉。街坊口耳相传,说是棚户区里出了金凤凰,小长生是文曲星下到了凡间。其实,他只是善于从生活中汲取艺术的养分,从不放弃对理想和希望的追求。

二　　血浓于水　青胜于蓝

傅抱石之所以从少年时代就逐渐养成坚强率真的性格,跟他父亲和母亲的影响大有关联。

傅抱石的父亲叫傅文苡,字聚和,小名得贵,1862年出生于江西新喻县(1957年5月1日,经国务院批准,改名为新余)章唐村一个贫苦的农民家庭。祖父傅天纯,字聪明,号开五,当了一辈子长工,由于长年劳作加上生活贫苦,得了肺病却无钱医治,在得贵不满九岁时撒手人寰。孤儿寡母,生活无以为继,母亲黎氏只好带着得贵改嫁。然而,得贵的继父依然是本村的贫苦人,仍难得能吃顿饱饭。

黎氏辛苦地把得贵拉扯到十岁,继父为了给家里减少一张吃饭的嘴,便将他送到地主家放牛。小小的放牛娃干农活一点也不比成年人少,过的本就是苦不堪言的日子,偏偏又遇上一个顽劣暴躁的少东家,无缘无故对得贵侮辱欺凌不说,还动辄拳脚相加。得贵身体和精神上一直饱受残酷的折磨。

终于有一天,得贵忍无可忍,出言顶撞了少东家。本来都是十几岁的孩子,又没有深仇大恨,谁想那小王爷竟然视人命如草芥,抄起一把五齿钉耙就向得贵打过去。得贵转身想躲,还是被钉耙狠狠打在后背上,扎出五个血窟窿,深可见骨。阶级的矛盾湮灭了人性的良知,同龄的孩子之间尚且如此,可想而知当时的劳苦大众正是像蝼蚁一般屈辱地活着。当得贵被抬回家里时,已经奄奄一息了。地主非但没给一点医药费,还将得贵解雇。黎氏只得含着眼泪,按着土方子,自行采药给儿子疗伤。得贵忍受着巨大的痛苦,养了半年的病,身子才逐渐康复。可是,为了不被饿死,得贵又回到地主家当雇工,旧伤未愈,再进行艰苦的工作,导致他像父亲一样染上了肺病。病情严重时,得贵开始咯血,丧失了工作能力,再一次被地主无情地赶了回家。

想到父亲死后母亲极苦的生活,傅得贵再也不愿拖累母亲和继父。同时,在他心中燃起的反叛的火苗越烧越旺,驱使他要走出去,看一看外面的世界,哪怕死也要在生命的最后时刻与命运搏上一搏。于是,在告知母亲自己的想法后,得贵便要远走当时相对繁华的南昌城。母亲是了解儿子的,她知道不让得贵出去闯一闯,他是死也不会甘心的。但是,南昌又没有可以投靠的亲戚朋友,黎氏实在不忍心儿子客死他乡,便瞒着得贵的继父,借了几吊钱的高利贷,给得贵去南昌治病用。当时一块银元值四吊铜钱,每吊一百文,加上又是借的高利贷,黎氏几乎耗尽了自己最后的一点力量。得贵不敢去想母亲和自己将会分别面对怎样的未来,他默默地抹掉眼泪,向母亲告别,这一去便再也没有回头。

贫穷、疾病,这就是当时最底层劳动者们生活的真实面貌。很多年之后,当傅抱石的女儿傅益瑶写到对母亲的回忆时,曾有这么一段有趣的文字:"老家罗坊镇章塘村是个穷乡僻壤,母亲在抗战期间曾随父亲从南昌逃难回过老家,几十年后回忆起这段往事,印象还是那么清晰,说得活灵活现,把我们笑坏了。母亲是第一次到父亲的老家,老家到底有多穷,父亲不敢先对母亲说。那时他们是坐船去的,船在行进中,前面出现了一个村庄,有一片房屋,母亲就问是不是到了?父亲回答说,没有这么好。过了一会,看到不少茅屋,妈妈又问是不是到了?父亲说,也没有这么好。过了好久,总算到了,果真是最穷的地方,那时候雨过天晴已经三天,父亲老家门口还是一片泥泞;那里只有一座祠堂还有点样子,除此别无长物;父亲和村里人就坐在长板凳上喝山芋酒;晚上睡觉时,蚊子多得人不敢脱衣服……"①虽然傅得贵没有读过一天的书,但是他却有着直面苦难的生活态度和与命运抗争的精神,大胆走出迈向新生活的第一步。这股胸膛中流淌着的滚烫的血液,正是父亲留给傅抱石的不可替代的精神财富。

来到南昌城之后,傅得贵的命运悄悄发生着改变。首先,他在新喻会馆的地下室找到一处免费的栖身之地。这个新喻会馆是科举时代为了给本县进省的考生临时寄宿而建的,后来废除科举制度后,会馆也荒废了,便陆陆续续地搬进来一些住户。这里也是后来俞老头设立私塾的地方,傅抱石在这间私塾经历了一段短暂的学习时光。

经过一段时间的休养,傅得贵的病情逐渐好转。他经过多

---

① 傅益瑶. 我的父亲傅抱石. 上海辞书出版社,2006 年 8 月第 1 版.

方打听，找到一位远房的堂叔，请他说情让自己进入兵营，做了一名辫子盘头、身穿"勇"字服的伙夫。可是有粮食吃的好日子没有维持多久，傅得贵就被管事的以身体虚弱的理由开除了。有过前两次被地主解雇的经验，傅得贵有了心理准备，并没有因此丧失希望，反而以乐观的精神随遇而安地生活。他什么工作都愿意干，什么搬运工、清杂工、富人家的临时帮工，只要别人愿意要他，他就努力工作。有时候流落街头，他就靠拾荒、卖破烂换一点小钱，在饥饿中挣扎度日。晚上回到地下室，等着他的只有漆黑一片。即便是这样，傅得贵还是觉得光明就在前方，相信通过自己的双手，终有一天会过上好日子。

在南昌街头，一个落魄的修伞老人进入了傅得贵的视线。老人叫何立堂，已年逾七十，白发苍苍，路也走不稳，需要依靠手里的一根拐棍。老人走几步就要歇一歇，并腾出另一只手来挑起一副装满修伞材料和工具的扁担。天性善良的傅得贵看着老人凄凉的模样，实在于心不忍，便主动帮老人挑起担子。傅得贵挑着担子走在前面，老人慢慢地跟在后面，得贵还时不时回头搀扶老人一把。忽然，老人把傅得贵的手一拉，老泪纵横地与他一同坐下。交谈间，傅得贵才得知何老人的老伴去世多年，膝下又无子女，因此风烛残年的他还得独自挑着担子为人家修伞。得贵也将父亲早亡，母亲改嫁，自己因肺病三番两次被解雇，最后流落街头的坎坷经历一一道出。两个苦命人一见如故，情同父子。

何老人住在距离新喻会馆不远、省臬台衙门后墙外的一条贫民聚集的棚户区里。在这里,老人虽只有一间八九平方米的小屋,而且破旧不堪,但毕竟是一处安身之所。老人在屋门口挂了一块残破的木牌,上书"何氏补伞店"几个大字,在这夹缝中求生存的贫民聚集地却显得很尴尬。试想连饭都吃不饱了,还有几户人家会来修伞呢?何老人只能无奈地挑起担子,走街串巷去挨家挨户吆喝,古稀之年的他犹如风雨之中的一棵老树,随时有倒下的可能。

遇上傅得贵之后,何老人仿佛感到生活又恢复了活力。傅得贵虽然依旧干着零工杂活,但是一有空闲便来帮助老人挑担去街上吆喝。晚上把老人送回住处后,他依然回到会馆的地下室去。何老人经过细致观察,发现傅得贵确实善良诚恳,与自己又十分投缘,心里想着自己时日无多,要想办法给予他一些帮助。

傅得贵心里当然也想过向老人拜师学艺。因为自己身染顽疾,一辈子也干不了什么重活,而这修伞既不用太多力气,又是一门不错的手艺,如果能学会,养活自己就不是难事了。可是,他始终开不了口。一来,当时社会上有"教会徒弟,饿死师父"的教训,何立堂本就过得不易,傅得贵不想让老人再雪上加霜;二来,傅得贵帮助老人原是出于好意,他不想让人觉得自己有所图谋。直到有一天,何老人主动问起得贵愿不愿意跟自己学修伞的技艺,傅得贵感激地给老人下跪,连声唤起:"师父!师父!"

从何老人的嘴里,傅得贵得知修伞并不是十分难学的技术,只是需要心灵手巧。在这一行,有修补雨伞和阳伞的区别。雨伞是土货,竹子做骨架,油纸做面,修理起来很容易,但是因为价格低廉,赚的钱很有限;而阳伞通常都是外国货,既能拿来挡雨也能遮挡阳光,用的铁把子铁骨架,蒙的细布面,因此造价较高,修理费用也比较高。虽然阳伞远比雨伞难修理,但是傅得贵有一双勤快的手,在老人的指点下,很快就把修理雨伞和阳伞的手艺全都学到手了。

傅得贵修伞既麻利又仔细,修好的伞甚至比新的还耐用,师徒二人的生意是越做越好。得贵也从此不再干零活了,专心帮着何老人修伞,并且一直对老人悉心照顾。何立堂的晚年过得充实而宽慰,但毕竟年事已高,体弱多病,他唯一放不下的便是不是儿子更胜儿子的傅得贵。为免自己死后街坊四邻会有闲言碎语,何老人专门把周围的邻居请到家里做个见证,即言明自己死后,包括这间小屋、连同家什、修伞工具等等全部遗产由傅得贵继承。得贵闻言,痛哭流涕。在老人病重的最后日子里,傅得贵竭尽所能地伺候,并在何立堂去世后,变卖部分遗产,把他好好安葬,送完最后一程。

由于手艺高超,口碑也好,陆陆续续开始有人上门来找傅得贵修伞。他便把破屋整修一番,门口的木牌也换成一米多高的新招牌,上面描着三个金色的大字"傅得泰",旁边另立一个"伞"字招牌,门口摆上伞骨、伞棍等零件,以招揽生意。这样一来,傅得贵的生意更是好上加好。他干脆专心修阳伞,把阳伞的构造摸个清清楚楚,手艺比何老人更胜一筹,其他修伞铺根本比他不过。傅得贵命运的改变虽然有着偶然的因素,但是归根到底跟他善良而又坚贞的本性是分不开的,他战胜了命运的重重阻碍,赢得了新生。

与此同时，一位与傅得贵一样坚贞不屈的女性正因为反抗婆母的虐待，被逐出家门。这位徐姓姑娘来自新建县的农村，出身也十分贫寒。穷人家的男孩子可以当放牛娃，女孩就只能被送给人家当童养媳。可是长到十五岁的时候，她反被那家老爷看上了，太太大动肝火，用尽方法折磨她。谁知徐姑娘性格倔强，经常执拗地与太太对峙，最后被太太赶出了家门。与傅得贵的经历惊人相似的是，这位徐姑娘被逐之后，依然不屈不挠，也不愿回娘家拖累父母，便只身渡江来到南昌城投奔姨母。徐姑娘想去大户人家当个佣人，也算自食其力。姨母张大娘却心疼这个小丫头，怕她到了大户人家还是会受委屈。在张大娘的劝导下，徐姑娘同意找个老实可靠的男人托付终身。街坊们纷纷推荐傅得贵，大娘就托媒人去说一说。徐姑娘也听到关于得贵如何孝敬非亲非故的何老人的事情，再看到他果真凭手艺踏实地过活，心里自然十分欢喜。

　　就这样，三十一岁的傅得贵与小他近十六岁的徐姑娘在张大娘和众邻居们的帮助下，在当年除夕之夜结为连理。刚从苦难中解脱，并选择了自己所爱的小新娘，把"傅得泰"修伞铺打理得真正像一个家，傅得贵感到从未有过的幸福，他珍爱妻子，勤奋工作，夫妻两人过得是和和美美。

　　可惜好景不长，徐氏婚后第一年便生了长女招弟，而后每年都生一个孩子，一连生了七八个。夫妻两人拼命干活，可还是喂不饱么多张嘴，七八个孩子都是生了病没钱治，最后相继夭折，只剩下招弟。这女孩依然是体弱多病，一年夏天病重，徐氏只顾背着招弟干活，很久之后才意识到她没了声响，放下来一看已经是奄奄一息了。徐氏看到招弟已经没有活下来的希望,也不忍心看着她断气,就把她丢进了水沟。回到家里一想,做母亲的竟然把孩子丢到污秽的水沟中,徐氏满心不是滋味,还是回去要把招弟捡起来葬掉。谁知招弟患的是热病,在沟里躺了一夜后,身体降了温,病情奇迹般的好转了。徐氏赶紧把她带回家,小心翼翼地给她治病。

可是招弟因为那一摔,从此就变得有些痴呆,不说话也不会哭闹。长大后,招弟好不容易才学会一点针线活,勉强能为裁缝铺做些钉扣子之类的零工,挣一点小钱,才为家里减轻一些负担。十八岁的时候,招弟经人说媒,嫁给了"头把刀"胡师傅。胡师傅因为前妻早亡,没有孩子,指望着招弟为他生个儿子好续香火,但即使是招弟之后未能生育,胡师傅依然借着"头把刀"的名气,让招弟过上了一段较为舒适的生活,两人之后还领养了一子一女。

长生的出世给了傅得贵和徐氏二人莫大的安慰,他不但天生聪慧,无师自通,同时他也继承和发扬了父母亲勇于抗争和乐于助人的优秀品质。

"傅得泰"隔壁有一家木炭店,店主是一位七十多岁的孤寡老人,叫熊典宝。木炭店在冬秋时节才有人光顾,剩下的时间除了夏秋交替之际需要成批买进乡下人挑来的木炭外,基本是没事可做的。老人孤苦伶仃,与傅得贵一家的其乐融融形成鲜明的对比,让他十分羡慕。长生妈天性豪爽,侠骨柔肠,看到老人生活凄苦,便经常请他来家里坐坐,两家人相互照顾。

长生的聪慧乖巧使熊典宝非常欢喜。老人常常拉着长生的小手,跟他说说话,长生童言无忌,有问必答,给老人晚年的生活增添了很多乐趣。加上熊典宝膝下无儿无女,老人对长生便如自己的孩子一般呵护。长生体质差,身子瘦弱,额头上的青筋都能看得清清楚楚,心疼得熊典宝赶紧买些碎肉熬成汤给他吃。其实卖炭的生意很是清淡,熊典宝到了老年又不善经营,时常做些亏本的买卖,一辈子省吃俭用积攒下来的本钱所剩无几,到后来,一次只能贩来五六篓木炭零卖,盈利非常微薄。平时,熊典宝舍不得吃荤,节衣缩食地过日子,每当有点赚头却总想着给长生改善伙食。他不仅时常花上两个铜钱,买些肉杂碎给长生熬汤,偶尔还会花上八个铜板买一盘木耳炒肉,让长生解解馋。这样一份大餐对当时的穷人来说简直算得上美味佳肴,可以说长生是在老人充满亲情地关爱下长大的。

长生对熊典宝的恩情也从未忘记,他不仅认熊典宝为义父,并在老人年老体衰、生活再也无法独立维持的时候,毅然将老人接到家里供养。那时候,傅得贵因为常年操劳,引得旧病复发,只能卧病在床。母亲和长生的修伞技术不高,只能修一些土伞,"傅得泰"的生意已经大不如前。于是,父亲躺在床上还得帮着徐氏做些手工活才能勉强让一家人糊口。在这样的情况下,徐氏对将熊典宝接来同住不免面露难色,但在长生的再三恳求下,还是同意了。这份感恩的心温暖了熊典宝干枯的心灵,让他人生最后的时光倍感安慰。

在父亲傅得贵去世之后,傅家的生活困难到极点。熊典宝不会修伞,就只能在门口看摊子,做些杂事。但是人老了头脑也容易犯糊涂,经常被人偷去一些工具和材料,甚至修好的伞,搞得傅家赔了本又失了口碑。有一阵子,徐氏实在忙不过来,就将原本由傅得贵在病榻上做的手工活交一部分给熊典宝做。其实就是些用铁丝做成耳挖勺、牙签和挑牙钩子的活,三样东西串成一套,赚个手工费。牙签和挑牙钩子很好做,唯独耳挖勺需将铁丝一头锤扁,再用钳子压成勺型,最后用锉子将"勺子"的一圈磨光滑。傅得贵有修伞的手工活底子,即使躺在床上也能做得精巧,再由熊典宝扛一个卖糖葫芦一样的草把子,插满一套一套的小串件去集市上卖,生意也是特别的好。但是,熊典宝老眼昏花,耳挖勺的边缘根本磨不细致,导致很多客人的耳朵被耳挖勺挖破了。整批的订货被退掉,客人们还纷纷上门吵骂着要求赔钱。徐氏看着好不容易建立的一点营生又将毁掉,加之丧夫之痛,使她一改往日和善的性情,将熊典宝彻头彻尾地大骂一通,甚至还说了要将他撵走之类的赌气话。长生赶紧给母亲跪下,央求说熊典宝待他如同亲儿子一般,即使自己吃不饱穿不暖也要省下钱来让他吃好,人总有老的时候,这时候把熊典宝赶走岂不是恩将仇报。儿子一番话说得情真意切,母亲不禁为自己的一时冲动感到羞愧。从此,长生主动承担起家里的杂活,徐氏也不再让熊典宝干体力活。

后来,长生当了教员,傅家的生活大有改观。第一次领工资的时候,长生便买了一顶崭新的毡帽送给熊典宝。老人激动得热泪盈眶,连声高呼:"好儿子啊!你出息了,我有新帽子戴了!"熊典宝赶上了义子创造的好日子,幸福温暖地安度了晚年。老人死后,长生将他的墓碑立在父亲的墓旁,上书"义父熊典宝之墓",另一侧则是长生从未蒙面的何立堂之墓。每逢清明,长生都要同时去祭扫这三座墓,两位老人泉下有知,必定为这个知恩图报的有为少年感到骄傲。

　　除了熊典宝之外，傅家后来还有两位非亲非故的"家庭成员"。其一是南昌第二职业学校商业会计专业的学生——沈飞。因为那时傅抱石在"二职"兼职教课，发现这个学生热爱绘画，并且好学，经常单独前来请教自己，因此非常欣赏。不料沈飞在读职校二年级时，染上了慢性肺炎。沈飞原名沈翀云，母亲早亡，父亲原籍浙江杭州，来到江西在官府做事，可是年老失业，也没置下什么家产，于是只好带着沈飞住在女儿家。姐姐虽然十分爱护弟弟，想方设法供他上学读书，可父亲带着儿子在女儿家日子久了，婆家人难免有怨言。父亲心中不是滋味，只希望沈飞学成之后有个好工作，重整家业，父子俩也就不必再寄人篱下。可是，沈飞又得了病，姐姐的婆家人以又要供养亲家翁，又要供小舅子读书，再也没钱给他治病为名，拒绝出钱请大夫。

　　沈飞休学后，依然勤勉读书，经常去傅抱石这位老师家借书或者求教。傅抱石见学生身患疾病，还有着坚毅的学习精神，便让他搬来跟自己同住，一面教他作画，一面帮他治病。傅抱石当时住在大杂院，卧房狭小，摆不下两张床，就叫沈飞与自己同睡。沈飞原本就对这位老师的才华十分敬仰，而后对其师德和人品更是钦佩。于是，师生二人同在一个屋檐下生活，同睡一张床，同吃一桌饭，共同钻研绘画、治印、做文章。

　　沈飞的姐姐听了弟弟的描述，根本不信世上有这样的老师，她担心弟弟自暴自弃，撒谎搬去了其他地方，便循着地址悄悄找到傅老师家。傅抱石为了让这位姐姐宽心，就把沈飞在这里的生活情况事无巨细地一一告知，沈飞的姐姐听后感激涕零。她回去把这些事情告诉老父亲，父亲是个知书达理的人，连忙又带着女儿返回傅抱石家，亲自道谢。

在傅老师的照顾下，沈飞的病情逐渐康复，画艺也突飞猛进，后来考取了梦寐以求的武昌艺专，这笔学习的费用也是由傅抱石承担的。虽然因为种种原因，沈飞最终没有成为职业画家，但是却终身不离笔墨，利用业余时间创作了大量国画。他的绘画风格和艺术精神一直追随着老师傅抱石的脚步，一生不求名利，只潜心作画，因为作品从不轻易示人，外界对他根本不知晓。直到沈飞逝世之后，他的子女在南昌为其举办了个人画展，其作品之精妙让世人惊叹，人们这才知道傅抱石早年有这样一位才华横溢的弟子。

傅家另一个家庭成员是一位被街坊们称为"老大"的老人。他也是傅抱石母亲徐氏的穷朋友，早年有一个女儿，便抱过来给小长生当童养媳。因为当时穷人家的女儿没钱抚养，送去给人做童养媳也算是一条活路。傅家虽然并不富裕，但是因为徐氏总爱帮助同自己一样的贫苦人，加上与"老大"关系不错，便收了他的女儿与长生一起养育。从名义上说，"老大"就升级成了小长生的岳丈。没过多久，"老大"的幼女因病夭折，妻子也相继亡故。徐氏为此感到歉疚，觉得"老大"的女儿毕竟是在傅家死的，自己没能尽到照顾的责任，便将"老大"接到家里来赡养，只让他做一点烧饭打杂的事情。

长生长大后，毫无保留地接下了母亲的责任，无论在大杂院还是后来搬到新宅,傅抱石都带着这个"老大"一起住。尤其在搬到新宅之后,傅抱石给了沈飞和"老大"每人一间厢房住,加上当教师的收入增加,"老大"的晚年生活也是比他早年要舒适得多。

傅抱石的母亲徐氏一生都在行善助人,加之性格豪爽,会吸旱烟,又能喝酒,广交朋友,对傅抱石影响最大。在"傅得泰"修伞铺门口曾经来过一个摆书摊子的罗姓青年,卖一些纸张粗劣的通俗小说。徐氏见他辛苦,经常送些茶水和吃的给他。为表感激,罗姓青年拜了徐氏做干妈。这个干妈当得也称职,在罗姓青年生活艰难的时候,徐氏主动恳求前去帮忙干活的邮局买办家,让干儿子当个邮差。后来此人步步高升,一直像对待亲生母亲一样孝敬徐氏。

这样的例子数不胜数。傅抱石当年在南昌师范有一个叫张绚的学生,父母双亡。有一次他放假没有回家,却到傅老师家来玩,徐氏就问他为什么不回去,这才得知其婶婶待他不好。徐氏又显出善良的性情,将那孩子喊来与傅抱石同住。后来张绚患上伤寒,傅抱石花了很多钱也没能将他治好,不幸英年早逝。徐氏格外伤心,不仅为他举行了隆重的葬礼,还亲自去他叔叔家登门请罪。

傅抱石扶危救困的事情多亏背后有这位伟大母亲的支持,后来傅抱石作品中流露出的磅礴气势,也和母亲对傅抱石的性格影响息息相关。

傅抱石在1936年编撰的《中国美术年表》出版时,于扉页上手书:"谨以此小册子纪念母亲大人丙子周年忌辰。"诸如此类纪念母亲的方式,在傅抱石的一生中多次出现,其中在1945年5月17日,傅抱石的妻子罗时慧的三十五岁生日时,他在为妻子献上的《仕女图》题跋中记录了母亲曾经对自己的教导:"余以艰苦之身避地东川,战时一切不堪,而我辈仍不废笔墨丹青,所居仅足蔽风雨,所衣皆丁丑前之遗,真如书痴,家无担石之储也。幸时慧忍时所不能忍者,益珊之前,戊寅秋于湖南东安旅次生一女,入蜀途中殇于四川綦江,时正重庆遭狂炸之翌日,嗣后连得珊璇二女,哺育之苦,时慧任之……昔先母徐太夫人尝训示,汝生儿育女后,方知父母之大德。只余冥顽,愧为数人之父矣。"

  艰难求学路

1915年,即民国四年,长生十一岁。他从东西两个邻居处各学到的刻印和绘画的本事,以及他从生活中获取艺术灵感的天分让周围的大人有目共睹。父母亲想方设法要对长生加以培养。因为眼界的狭窄,他们的心中能想到的就只有南昌城里的瓷器店,加上长生从小就喜欢照着瓷器上的图案画画,一家人便认为送他去瓷器店当学徒,学会画瓷器的手艺是最好的出路。既满足了长生的兴趣爱好,将来也能有个像样的饭碗。

◎ 傅抱石的祖籍所在地——江西新喻县章塘村的牌坊与祠堂

那时候,到瓷器店拜师学艺是有一套规矩的,除了送礼和请客喝酒,还要付给师傅大约一石多米价格的进门钱。以当时米价为每石二元七角计算,需要凑上四块大洋。傅家虽然贫寒,但是邻里关系一向很好,加上又是为了长生这个希望之星出资,周围邻居均慷慨解囊。傅得贵拿着这些钱和礼物找到一位相识的瓷器店老板,老板原本不太情愿,但傅得贵说尽好话,又答应三年之内不需任何工钱,三年期满也只要给些剃头、洗澡的小钱,才总算让长生当上了瓷器店的学徒。

按照常理,长生应该能在瓷器店学点烧小窑、制坯的技术。而且白坯瓷器需要请专人画上花样繁多、新颖精致的图案,再烧出来出售,长生从小酷爱这些绘画,应该能从中学到不少东西。但是,所有人都想错了,这个瓷器店老板非但不教长生任何技术,而且连他自学绘画也不被允许。他给长生定下了严格的规定:每天天不亮就要起床、下门板、扫地抹桌子,还要替老板娘带孩子、倒尿壶、买菜、烧饭,客人一来又得端茶倒水,整个儿把长生当成了保姆和佣人。长生为了学点本事,这些杂役也都甘愿做了,但是每天早晚上下门板的事情实在让他感到艰难。这些门板是用江西特产的樟木做的,高丈余、宽有一尺,厚度起码有一寸多,可想而知相当厚重。左右两边各有十二块门板,共计二十四块,每块上又标有序号,上下门板都得按序排列,不得颠倒。这样的重活别说是个十一岁的孩子,就是成年人也需要二三人协助才能完成。长生只好拱着背,用身体顶住门板,再吃力地完成早晚各一次的装卸工作。日复一日,长生的身体吃不消了,加上营养不良,睡眠也得不到保证,终于如父亲和祖父一般染上了肺病,不到一年就开始吐血。老板生怕担上责任,便将长生撵了回家,到此竟然连一点本事也没传给他。

回到家中,长生不声不响,将委屈都咽到肚子里。母亲看到他这样反倒更加心疼,再也不提让他出去当学徒的事情了。在母亲精心地调理下,长生的病情慢慢有了好转,可因为在成长期拱着背上下门板,他永久地落下了轻微驼背的毛病,成年之后也是一个肩膀高一个肩膀低。

长生的遭遇在街坊中流传,大家都为这个小天才感到惋惜,这些话碰巧传到一位邻居张先生的耳朵里。这位张先生是江西省立第一师范附属小学的主任教师,他对这个未曾蒙面的长生感到既好奇又十分同情,便亲自去"傅得泰"修伞店一探究竟。

当亲眼看到长生刻的印章和画的画时,他感到自己有责任帮助这个孩子,不让他的艺术才华被埋没。于是,张先生凭借他作为主任教师的权利,让长生免费进入了第一师范附属小学读书,并为长生取了学名叫傅瑞麟。

张先生的恩情让长生一家感激万分,而瑞麟也以勤奋的学习态度回报老师的知遇之恩。这一年是1917年,傅瑞麟十三岁,因他之前已在私塾读过《四书》、《五经》,并且由于刻印的关系,将姐夫送的袖珍《康熙字典》翻了个遍,学习四年级的语言课也毫无问题。可是傅瑞麟从来没有学过算术,这一门只能从头学起。为了让爱徒早日成才,张先生又亲自每晚帮他补习算术。张先生的一番心血没有白费,瑞麟经过刻苦钻研,算术水平很快就赶了上来,被张先生顺利安排到了四年级学习。

傅瑞麟自感不能辜负张老师的希望,更不能耽误这来之不易的学习机会,便在课余时间继续阅读大量的书籍。买不起新书,瑞麟就站在旧书店里借阅,并且强迫自己把书中的内容背下来。冬天寒冷,家里没有能力给瑞麟添置新衣,他就套起一件肥大的灰布褂子,把姐姐、妈妈的花褂子一件套一件地穿在里面,就这样强忍着严寒,依旧站在旧书店里读书。经过长期的苦读,瑞麟的知识积累越来越丰厚,并且记忆力也逐渐增强,甚至达到过目不忘的境界。他后来曾刻过两方印章,以时刻提醒自己要多读书多学习,其一是"静坐读书",其二是"容我读书方是福"。直到晚年写文章,傅抱石依然可以仅凭记忆将原著中的章句丝毫不差地引用出来。

旧制的小学校有初小和高小之分,初级小学四年制,高级小学三年制。瑞麟凭借刻苦钻研的意志，仅用四年的时间就完成了其他孩子七年才能完成的学业，并在课余时间不断练习刻印和绘画的技巧。最后，他门门功课都是优秀，以附属小学第一名的成绩从高小毕业，获得了免试直接升入省立第一师范学校读书的资格。这要放在科举时代就相当于考取了秀才，瑞麟以实际行动为帮助自己的张老师和父母都争了一口气。

江西当时还没有大学，省立第一师范可以算得上江西的最高学府。这所学校的任务是为了给本省培养教师，按规定，师范学校不收学费，还供给学生膳食和免费的宿舍，这些优待条件为勤学苦读的穷人家孩子提供了一条出路。但也正因为这所学校的优势，每届吸引的报考者都非常多，竞争也就非常激烈。为了防止学生中途辍学或者毕业之后不愿在省内学校当教师，学校规定每一个新生都要缴纳十个大洋的保证金，还要另交当局统一规定的童子军服装费五个大洋。这十五个大洋对傅家来说简直是个天文数字，徐氏眼见着孩子经过千难万险，就要走上一条阳关大道，偏偏又要因为家境贫寒而半途而废，她的心中郁结更深，一时间多出了很多白头发。卧病在床的傅得贵也为儿子的事情操心，万般无奈之下，他想到家乡还有自己的三分地。这三分地原是傅得贵的父亲傅开五所有，父亲离开祖居的章塘村时，把地托给同族人照看，现在应当在傅得贵的远房兄弟傅财和手中。傅得贵心想这块地应该还能值几个钱，又因为自己行动不便，便把关于土地的来龙去脉跟儿子说清楚，让瑞麟返回老家去告贷。

从南昌出发去老家新喻县有三百多里路，家里已经连给瑞麟坐船的钱也拿不出了，甚至一份像样的干粮也没有。母亲徐氏将一袋香瓜交到儿子手中，强忍着泪水叫头一次出远门的瑞麟要格外小心，渴了饿了都可以拿香瓜顶一顶，遇到好心的庄稼人也别不好意思，就大大方方地讨口饭吃，将来日子好了，再答谢人家。但是，当徐氏看到儿子单薄的身影离开家门时，她还是悄悄地流下了泪水。

赣江上的帆船来来往往，瑞麟却只能沿着江畔的小路一直往南走。正值酷暑，没走两步身上就满是汗水，瑞麟却舍不得吃香瓜，渴了就找个水塘捧点水喝。晚上走累了，他就睡在人家的屋檐下。脚肿了，他把破鞋松一松；脚底磨出了水泡，他咬咬牙，忍着痛继续走。等到实在饿得没力气的时候，瑞麟才吃一个香瓜，即使这样，还没撑到第五天，布袋子里的香瓜也没剩几个了。包袱减轻了，疲倦饥饿的瑞麟却越走越艰难。走进樟树镇那行人穿梭的街道，琳琅满目的食品摊子一个挨着一个，上面蒸着香喷喷的包子和馒头，引得瑞麟肚子咕咕地叫。可是，他根本不往两边看，加快脚步穿过巷子，坚毅顽强的性格支持着他即便挨饿也不肯向别人乞讨。

夜里抵达新喻县的罗坊镇时，瑞麟的布袋子里已经没有香瓜可吃了。他问路上的行人章塘村怎么走，对方给他指了一条岔路，说沿着这条岔路绕过镇子的边缘，一直向东北方向走就是章塘村。眼看就要达到目的地，瑞麟高兴极了，他找了一个池塘边睡下，盯着漫天的星辰，仿佛看见自己回家时穿着童子军服上学的画面。这一晚他睡得很香，暂时忘记了饥饿。第二天一早，瑞麟就起来赶路。他沿着岔路绕过罗坊镇后,发现道路上扬着风沙,路两旁的土地十分贫瘠。这样的景象是出生在城市里的瑞麟从未看过的,他心中揣测自家的土地不会就在这里吧。跨过一个土坡,有一些背靠着松林的房屋群落,那就是傅家祖居的章塘村。村里到处是流水用的深沟和泥泞的小道,每家门口都用一块木板搁在沟上,才能出门,一切都是破败不堪的样子。瑞麟已经一天一夜没吃东西了,怀着忐忑不安的心情,他终于找到了远房叔叔傅财和的家,一脚刚跨进去,人就倒在门坎上起不来了。当他苏醒过来,向财和叔叔细细诉说傅开五就是自己的祖父,曾经有三分地交给他照看,这趟前来是为了上学向叔叔告贷的来意后,傅财和紧锁的眉头和冷冰冰的话语让瑞麟的心立马凉了:"那是兔子都不拉屎的地,只种不收,把我拖累得好苦!"原来,那三分地就如老家其他土地一样十分贫瘠,财和家的日子已经很艰难,还要替瑞麟家的地缴地税,所以不提这块地还好,一提他就大发雷霆。

好不容易来了这一趟,瑞麟有些不甘心,他继续说:"我们一家在南昌靠修伞为生,从不麻烦别人,只是因为父亲近来染上了肺病,不能干活,母亲一个人勉强支撑着家,所以一时凑不出学费。我这一路好辛苦才走过来的,希望您看在我祖父的份上,借给我十块钱缴学费。等我当了教师,就加倍还给您。"

那年头在农村,十个大洋简直是笔巨款,更别说在这章塘村了。傅财和听罢,更是火冒三丈,大声说:"我都快没吃的了,哪有钱给你们!"说着,就要回屋去了。

虽然满心的希望变成泡影,这一路上的辛苦也都白费,可瑞麟没有怨恨。他看着财和叔叔空荡荡的屋子和墙边几件旧苍苍的农具，体会到在这个残酷的社会，有很多人的生活如自己一般，甚至更为穷苦和凄凉。瑞麟一言不发，转身就要走。旁边的财和婶婶一把拽住了他，老太太用颤抖的双手打开瑞麟空空如也的布袋子，抓起地上的山芋就往里面装。这时，财和叔叔也消了气，感到对这个跋山涉水而来的远方侄子说得太过分，便埋下头去帮着把山芋装了满满一口袋。

瑞麟看着两位老人善良的本性，再也没有一丝一毫的不快，恭恭敬敬地给二老鞠了一躬，说道："叔叔、婶婶，你们的日子也不好过，还给我吃的，这份恩情我永远不会忘记。"说完，便背上山芋，踏上了归途。一来一回近半个月，瑞麟一到家就病倒了。初次回到家乡的瑞麟看到的只有贫瘠和穷苦，在这个少年的心里留下了深深的烙印，同时也坚定了他与苦难做斗争的意志。

暑假过去，迎来了开学报到的日子。省立第一师范附属小学的那位张先生听说爱徒傅瑞麟没去报到，心中感到疑惑，便又上门问个究竟。躺在床上养病的瑞麟十分惭愧地将回老家筹钱却无功而返的事情告诉恩师。张先生对瑞麟的关怀可谓无微不至，他绝不想让这样一位才华出众又勤奋好学的优秀少年因缴不起学费而葬送前途。于是，张先生慷慨解囊，将一个月的薪金共十八块大洋全部奉上，一方面让瑞麟尽快报到上学，一方面也让瑞麟母亲给孩子弄点营养，使孩子身体早日恢复，健健康康地去读书。张先生的一番好意，徐氏心领了，但是她实在不敢收这钱。从四年前特许瑞麟免费入学，到如今考上名校，张先生为瑞麟做得已经够多了，现在他又要把养家的钱拿出来，徐氏自觉没有尽到做父母的责任，不可以再连累他。张先生心地善良，为了让徐氏接受自己的帮助，故意说："我也不差这一个月的钱，就当是我投资，将来他飞黄腾达了必定会报答我的。"瑞麟感激地看着张先生，连连点头，但其实张先生只希望瑞麟在艺术的道路上越走越远，其他别无所求。

　　心结打开，瑞麟的病很快就好了。1921年，民国十年，当时的中国正处于军阀混战的动荡时期，老百姓的生活苦不堪言。十七岁的傅瑞麟不但缴齐了学费，进入了理想的学校，还穿上了让当年穷孩子们羡慕不已的童子军服，这给一贫如洗的傅家带来了久违的欢乐，傅得贵也在掺杂着些许遗憾的微笑中，默默地离开了人世，年仅五十九岁。他在短暂的人生中始终与命运搏斗，并用自己的言行教育和影响着傅抱石最终成为一个敢作敢为、善良诚实的人。

　　然而，父亲的死给原本就在水深火热中挣扎的傅家带来了巨大的打击。打从傅得贵生病卧床开始，"傅得泰"的生意就每况愈下。全国抵制日货，日本阳伞进不来，修伞的人变得极少，傅家只能修些土雨伞；母亲修伞技术差，妇女又不方便去街上吆喝生意，傅得贵这根顶梁柱去世之后，徐氏仿佛失去了活下去的勇气，整天哭得天昏地暗。

　　就在这个时候，傅瑞麟主动分担起了家庭的重任。他首先将能节约的钱全都节省下来。学校规定寄宿生晚间是不能回家的，在宿舍睡总要有套铺盖，别人都用新的，用好的，瑞麟就拿一条打满补丁的旧被子裹着睡。这条被子是母亲二十年前结婚时，姨母张大娘作为嫁妆送给她的，比瑞麟的年纪还要大上好几岁，又薄又硬，还有些异味。当时的宿舍设在"令公庙"里，这座始建于南宋末年，为了纪念唐代名将张巡而建的"令公庙"宏大而空旷，四面通风，夏秋还好，一入冬，便寒风凛冽，直往屋子里钻。瑞麟的破被子不管用了，就在床板上垫满稻草，再不行就等半夜同学熟睡后，偷偷将电灯泡放在被子里捂，被窝暖和了再睡。

同时，瑞麟还将徐氏分配给"家庭成员"熊典宝的手工活接下来干。虽然学校不能夜不归宿，但是每天晚饭后、自习之前的五点到七点钟是自由活动时间。瑞麟本来都将这段时间花在去旧书店借阅图书上，现在他就利用这两个小时的业余时间赶回家里，帮助母亲做手工活。前段时间因为熊典宝的失误让客人流失了不少，可是瑞麟有着遗传自父亲的巧手，还有后天努力练就的超人的观察力和动手能力，做挖耳勺之类的事情根本难不倒他。瑞麟右手执一个倒圆锥形的小锤，把尖端对准铁丝一头已被压扁的部分，轻轻一锤就是一个凹槽，再用细锉顺着边缘绕一圈，一个光滑圆溜的挖耳勺就完成了，其余的牙签和挑牙钩子更不在话下。由于傅家出品的手工小套件质量更胜从前，制作期也更短，原本失去的客户又逐渐回头，周围各村镇的小商店也纷纷前来订货。订货量的增大使瑞麟感到辛劳，有时候超过了自由活动的时间，来不及上自习课，也会耽误学习，可是看到劳动所得的酬劳能够补贴家用，母亲也开始重拾生活的信心，瑞麟觉得自己辛苦点不算什么。

可是父亲的遗体需要殓葬，家里依旧拿不出这样一笔巨大的开支。因为在旧社会免不了一些旧风俗和老规矩,除了要为父亲买一副棺材,还要扎纸轿子,烧七斤四两纸钱,关键的是还要买一块坟地下葬。焦虑和忧愁又回到母亲的心中。为了让瑞麟学本事,傅家请邻居们帮过忙,老家也回过了,张先生的恩情也是一而再,再而三地接受了,现在徐氏实在想不出还有什么门路能帮她渡过这个天大的难关。一个朋友给徐氏出了个主意,说城里有个专门放高利贷的王老爷,因为过去做的亏心事太多,害怕天打五雷轰,晚年便吃斋念佛,做些好事修来生。有时候,王老爷也会出钱修桥铺路,或者救济穷人,何不带着披麻戴孝的瑞麟一同前去求他,或许能够得到一些帮助。

徐氏心里清楚,让亡夫的遗体躺在屋子里也不是个办法,事到如今只能出此下策了。于是,头戴麻帽、脚踏麻鞋、身披麻布,腰间系着草绳的瑞麟跟着母亲一起去王老爷家告贷。王老爷眼看着跪在自己面前的母子二人却没有一点恻隐之心,拿出放贷的口吻让徐氏找人担保,还要东西做抵押,才肯借钱给她。徐氏哭哭啼啼地告诉王老爷,他们家根本没有值钱的东西,也没有阔人担保,真是到了山穷水尽的地步才来请求援助的。王老爷一听,便显出刻薄的本质,瞪圆了眼睛,喊道:"你家里死人跟我有什么关系,我凭什么要施舍给你!"徐氏骨子里不屈的精神反倒被点燃了,她理直气壮地回答:"就凭我这个儿子,他刚进了省立第一师范读书,毕业出来是当先生的,到时候挣到钱一定会加倍奉还,绝不会忘记您老人家的恩情。"王老爷闻言吃了一惊,再仔细打量瑞麟一番,发现他跪着也挺直了腰杆,一副不屈不挠的样子,很有些非同寻常的气度。再经过确认,证明徐氏所言儿子在第一师范读书的事也是真的,王老爷一改之前的态度,爽快地答应了徐氏的请求:"好吧,就算我压个宝,以十年为期,十年之后,如果这孩子有了出息,便要连本带利还我十倍的钱。若是孩子不争气,到时候穷得还不出来,那就算我倒霉,赌钱输掉了。"说完,就吩咐账房算一算徐氏所需的各项开销,一共取了二十六块大洋给她,母子千恩万谢,连连给王老爷叩头,便回家治丧去了。王老爷怕是再也想不到,他这宝压得如此好,用不了十年,瑞麟便开始出人头地。

四　假作真时真亦假

　　省立第一师范学校开学之前,将当年录取的学生姓名都发布在红榜上。瑞麟兴高采烈地前去看榜,却怎么也找不到自己的姓名。门房张老头就问他姓不姓"孙",瑞麟迷惑不解,回答说"不是啊"。张老头捧腹大笑,原来他是用"名落孙山"来讽刺瑞麟。正当瑞麟以为自己被学校刷掉,伤心欲绝的时候,一位气宇不凡的长者来到他的身边,告诉他他是被保送的,所以榜上无名。瑞麟破涕为笑,得知原来这位长者正是本校的校长黄光斗先生。这一次的偶遇算是傅瑞麟与黄光斗先生师生情谊的正式开始,但在此前,先生其实早已得知这个学生虽然家庭贫困,但

◎ "印痴"是傅抱石的自称。这个刻于早年的印章,他十分珍爱

是勤奋上进、成绩优秀,并且在治印和绘画方面也具有普通学生所没有的才华,这让他对瑞麟的印象极为深刻。一旁的张老头悔恨自己看走了眼,连连向瑞麟赔不是,瑞麟当然不会与他计较。

那时的师范学校都是五年制,其中包括一年的预科,课程多而杂。一年级仍然不分科,直到二年级才开始分为中文、英文、艺术等科目。最初,傅瑞麟认为自己的中文底子还不错,便选择了英文科,以弥补自己英文水平的不足。不到半年,他就发现英文科的学杂费实在太多了,比如要购买英文书、专用的练习本,还有钢笔和墨水等等,这些洋玩意儿价格昂贵,都需自己购买;相比之下,美术科的费用则要少得多,不但纸笔不用花钱,连一些相关的绘画工具和材料也都是由学校提供的。更重要的是,英文毕竟不是傅瑞麟的爱好,绘画才是他长久以来的追求。打定主意之后,傅瑞麟便要求转入了艺术科的图画手工组。

由于每晚回家帮助母亲做手工活的缘故,傅瑞麟时常缺席自习课。老师悄悄向校长报告此事,黄校长相信瑞麟一定有什么难言之隐,便向学生打听,方才知道他父亲刚去世,为了帮助母亲分担家庭重担才时常缺课。这么孝顺的学生让黄光斗颇为感动,当即决定免去傅瑞麟在学校的一切杂费,并让他帮助学校图书馆整理书籍,编写目录,每月由学校发给他一定的津贴。傅瑞麟受到校长的照顾,得到这样一份美差,便如鱼得水般跳入了知识的海洋里。他不但认真仔细地完成图书馆的工作,还借工作之便废寝忘食地博览群书。这其中,傅瑞麟对画史、画论、印刻和文字学等相关著作特别关注,一段时间之后,他的传统文化底蕴和在篆书的基础方面都有了较大的提高。黄校长通过细心观察,发现只要给傅瑞麟读书学习的机会,他就能发挥自己所长,将知识为自己所用。黄光斗便给瑞麟制造更多的机会,让他尽情发挥,成为对国家和社会有用之才。于是,黄校长特意告诉瑞麟,只要他觉得学校的书籍有什么缺少或者不足的,尽管提出来。瑞麟就列出了一批古典文学和艺术方面的精品著作,校长一看觉得这孩子果然品味不俗,遂命人去搜罗购买这些书籍来充实校图书馆。

在傅得贵去世之后,傅瑞麟的母亲徐氏独自支持着家庭。除了要供瑞麟上学读书之外,还要供养瑞麟的义父熊典宝,担子实在不轻。熊典宝年老体衰,一点忙也帮不上,好在瑞麟晚上都要回来帮着母亲做活。如今,傅瑞麟有了学校的工作,得到的津贴不比做活赚得少,徐氏是个极通情理的母亲,她体谅儿子的辛苦,便叫他安心学习,晚上不必再回来了。反正修伞的生意也不好做,徐氏就干脆外出打些零工。

离"傅得泰"不远有一个大户人家,时常宴客,逢年过节时也有不少杂活需要人干,徐氏便过去帮忙。熟络之后,她平时也替他家洗些衣物什么的，获得的酬劳还不错。这家的男主人姓赵，是邮局的买办，由于替外国人主持业务的缘故，赵老爷总是西装革履，带一副金丝边的眼镜，洋味儿十足。他听闻徐氏的儿子在第一师范学美术，又见其相貌不俗，才智过人，就请他经常来家里玩，好帮带带带自家的公子。念在赵老爷也是慈父心肠，瑞麟便答应了。可几次下来，傅瑞麟发现赵家少爷虽然与自己年龄相仿，却也学父亲着西洋装束，并且喜欢吃喝玩乐，一副公子哥儿模样。傅瑞麟不愿沾染这样的习气，每有一点休息时间都呆在学校的图书馆里，全身心投入到学习中，将经、史、子、集看了个遍。加上他有从小自学篆刻和绘画的底子，又有校长特批的书籍源源不断地流入，使他对篆刻和绘画艺术的理解达到了一个全新的高度。傅瑞麟照着新买来的碑帖、印谱开始每天坚持练习书法，主攻篆字。

　　小时候看《康熙字典》觉得很精美，现在傅瑞麟发现那只是根据许慎的《说文解字》标明的小篆而已，根本算不上书法。看到《毛公鼎》、《散氏盘》等铭文的拓片，傅瑞麟才知道在秦始皇统一文字，使用小篆之前还有如此奇妙的大篆。临摹字帖让傅瑞麟从秦代、唐代和清代等各个重要时期的名家名作中找到了大小篆体，以及介于大小篆之间的"石鼓文"的篆书感觉。

　　紧接着，傅瑞麟又潜心研究印史，从源头开始去理解两三千年以前中华民族的祖先们创造古玺的意义，再从南北朝到唐宋时期玺印在艺术性上的衰落，元代之后篆刻艺术的发展，清代初期的大放异彩等等，逐渐感悟到小小的印章中蕴藏的时代精华和变化无穷之美，坚定了自己在这门艺术上发挥才华的决心。

然后,傅瑞麟将以丁敬为创始者的浙派,以何震为创始者的皖派和以邓石如为代表的邓派等等名家的印章印谱进行反复对比,仔细揣摩,并且从津贴中省出一部分钱来,添置印床、刻刀和几枚普通的石章,开始效仿各家作品反复练习刻印。

不久之后,傅瑞麟得到一套晚清赵之谦的《二金蝶堂印谱》。赵之谦,字伪叔,号悲庵,浙江绍兴人,所居曰"二金蝶堂"。赵之谦篆刻初期临摹西泠八家,后追皖派,精于金石考证,参以诏版、汉镜文、钱币文、瓦当文、封泥等,形成章法多变,意境清新的独特风貌。其艺术将诗、书、画印有机结合,作品传世者甚多,对后世影响深远。《二金蝶堂印谱》可谓集古今大成之作,傅瑞麟爱不释手,便用自己手中最好的印石临摹其中最爱的几方印。刻好之后,傅瑞麟蘸上印泥盖在纸上,与印谱一比较,几乎一模一样,但是他还觉得不完美。因为赵之谦的印章连边款也十分讲究,各种字体,阴刻阳刻俱备,精美至极。傅瑞麟暗下苦功,将赵氏边款也仿刻得惟妙惟肖。

傅瑞麟完成作品后,除了自己把玩之外,还希望给行家看一看,也好为自己指点一些不足之处。他最先想到的就是当初将自己领进门,在"傅得泰"东边摆刻印摊的郑老板。傅瑞麟故意没说是自己仿制的,先拿一枚自认刻得不错的印章给他看。谁知郑老板刚把印章接到手中,就惊呼:"你从哪里得到的赵之谦图章?"瑞麟心中窃喜,让他再仔细看看。郑老板把刻印只当做混饭吃的手艺,并没有很高的见地,但是出于职业需要,他看过的名家印谱也不少,赵之谦这样的大家当然再熟悉不过。他仔细看过之后,又蘸上印泥盖在纸上看,然后十分肯定这就是赵之谦的印。

傅瑞麟哈哈大笑,给郑老板揭开谜底:"这是我仿刻的。"郑老板大吃一惊,遂问他是谁教的?傅瑞麟就把他照着印谱自学的事情一一告诉郑老板。后者大为称赞:"士别三日当刮目相看,你这本事早就超过我了。"同时,郑老板还告诉瑞麟,如果再做个老式的印套就更逼真了。傅瑞麟做事总喜欢尽善尽美,而且缝缝补补、修理东西都是他的强项。于是他便找来旧缎子,根据印章大小,缝个口袋,系上红线,一个印套就做好了,再装进仿制的印章,十足一个赵之谦的真印。

那个曾经看走了眼的门房张老头,如今可是把眼睛擦得雪亮,他关注傅瑞麟很久了,知道这孩子刻章的本事非同小可。于是,张老头动起了歪脑筋。一次,他趁没人的时候,把傅瑞麟叫到跟前,关切地说:"你看你这么弱不禁风的,怎么不多吃点?"傅瑞麟有些不好意思,第一师范供给学生的伙食标准是每个月两个大洋,饭是可以随便吃的,但是菜就少了点。傅瑞麟正处于生长发育的高峰,读书学习都是脑力劳动,消耗大,加上业余还要打工补贴家用,他的饭量就远比一般人大,有一次跟人打赌,竟吃了十一碗饭。通常一碗饭吃完,菜也没有了,瑞麟就只好花一个铜板买份辣椒下饭吃,这样的营养肯定是不够的。

老张知道傅瑞麟家境贫寒,手头又紧得很,就暗示他可以刻印挣钱。傅瑞麟没弄明白老张的意思,以为刻印挣钱就只能像郑老板一样出去摆摊,便回答说自己正在上学,没法去摆刻字摊。老张故作神秘地说自己有不用摆摊也能通过刻印挣钱的渠道,只要给他一点跑腿费,他就代为出售。傅瑞麟听了大喜,反正自己也喜欢刻印,如果能卖点钱,既能让自己吃饱,还能让母亲吃好,岂不两全其美,便立马接受了老张的合作方案。

老张看中的是傅瑞麟仿刻赵之谦印的本事。他凭借曾给一些大户人家当过听差的门路,试着拿了一枚傅瑞麟仿制的印章去找城里的一位老爷,说是偶然从乡下人手里弄来的,让老爷看看是不是真的。那老爷对印章也颇有一些研究,从"印套"中取出印章一看,不论印文还是款识都毫无破绽,便认定为真迹,喜欢得不得了,想要留下。老张口齿伶俐,狡猾地说宝剑赠英雄,因为知道这位老爷是行家,所以才来献宝,只收四个大洋。一番话说得老爷美滋滋的,而且赵之谦的图章在古董店都要卖到七八个大洋,到了市面上更是价格可观,四个大洋就能得到这样的精品,他想也不想就买下了。

老张回到学校后,得意地给了傅瑞麟一块大洋,鼓励他继续仿制赵之谦的印章。一方印就能换回一块大洋,这对于傅瑞麟来说可是笔大收入了,他不知其中内情,只当是老张帮了自己一个大忙,感激不尽。回到家中,瑞麟欢欢喜喜地把钱交到母亲手里,徐氏心中却感到蹊跷,遂追问钱的来历。傅瑞麟还自豪地告诉她,那是凭借自己手艺,刻印得来的钱。徐氏这才放下心来。

经过这次试验,老张觉得这个买卖十拿九稳,便故意将那位老爷得到"赵之谦印章"的事情散播开去。果不其然,那些自命风雅的官僚和议员纷纷托人找到老张,希望他想办法再到乡下去弄几枚来。安徽和浙江由于文化传统而盛行治印,两地距离南昌都不远,况且印人和收藏家又多集中在江西东北部的婺源一带,只要随便说是从乡下某个偏远的地方寻来的印,既不会让人怀疑,也查无对证。于是,老张越发的贪心和大胆起来,只要有人要买,他都应承下来,回过头来再叫瑞麟刻制。为了能挣大钱,老张还怂恿瑞麟买些田黄、鸡血之类的高档印材刻章,并配上更为华丽的印套。如此一来,"赵之谦印章"的价格水涨船高,从四个大洋涨到八个,加上买主之间相互抬价,最高卖到十六个大洋一方。纵然老谋深算的张老头偷偷吃掉了四分之三,但是一个月只要卖掉两枚,瑞麟就能分到八个大洋。相比曾经在家做耳挖,要敲敲打打千万次才能换得的一点微薄利润,这些钱来得真是太容易了。

　　瑞麟赚到钱首先是交给母亲养家,再就是给自己添置些书籍,现在突然阔绰了,也想到自己的几位穷兄弟,便约上这些同窗好友去饭店大吃一顿。酒酣之际,就有同学起哄,一定要他说出挣钱的诀窍,也好带着大家一同发财。在同学们答应替他保密后,瑞麟才悄悄说出仿制赵之谦的印章,被老张拿去卖了好价钱的事情。穷兄弟们哪管老张去做了什么手脚,只佩服瑞麟的治印水平,把他当做英雄偶像般看待。

　　无巧不成书,在南昌城里有一位篆刻的高手,好不容易从别人手中购得一枚"赵之谦印章",回家后便想给儿子开开眼界。谁知道儿子稍稍看一眼,就笑话父亲这样的行家也上了当,这枚印章肯定是他的同学傅瑞麟仿刻的。随后便将瑞麟治印,由老张出售的事情告诉父亲。这位父亲拿着印章左右端详,大为感叹瑞麟小小年纪竟能有这样的技艺,将来的前途无可限量。他不但不怪瑞麟造假,还希望儿子多跟这位同学来往,以便获得一些才识上的提高。同时,因为是行内的高手,他深知假印在市面上出现是老张做的手脚,便让儿子叮嘱瑞麟以后不要再和姓张的来往,以免败坏名声。

可是,天下没有不透风的墙,还没等那位同学去警告瑞麟,造假的事情就东窗事发了。就在老张卖了快二十个印章后,那些得到印章的官僚和议员之间相互通气,察觉老张寻找印章的"本事"实在太高,而寻找的方法都是千篇一律的"在乡下农民手上得到的",这让他们渐渐产生了怀疑。再把所得的印章相互比较,从粗制的石料到高档货,应有尽有。大家就纳闷儿了,一下子怎么会突然蹦出来这么多"赵之谦印章"呢?可是这些印章从印文到款识,何其精妙,连行家里手也丝毫看不出一点破绽。正当这些贵人们百思不得其解的时候,有人得到消息,说是这些"赵之谦印章"实际上出自于第一师范的学生之手。

上当花钱是小事,面子对于官僚和议员们才是大事,况且这么多达官贵人被一个毛头小子骗得团团转,岂不让人笑掉大牙?因此,有几位位高权重的议员派人追查卖家,可是老奸巨猾的张老头听见一点风吹草动,就早逃得无影无踪了,追查的重心于是聚集到第一师范的这个"学生"身上。议员们约好一起去找校长黄光斗,一面责怪他纵容学生仿制假图章骗钱,一面要求他彻底查清此事,以还他们一个公道。黄校长拿起"赵之谦印章"一看,心中反倒大喜,这些印章仿制得如此逼真,难怪这群"伪文人"会上当受骗。与其说是刻意仿制,倒不如说是治印者早已将赵之谦的技法神髓谙熟于胸,治印之时方能挥洒自如,创造如此传神的作品。第一师范的学生中能有这般技艺的人,黄校长心中只有一个人选，那就是傅瑞麟。

　　爱才心切的黄校长故意装作一副不以为然的样子，问议员们："既然知道图章是我的学生仿制的，为什么还要买呢？"众议员顿时哑口无言，不好意思将托人请老张寻印的事情说出来，就说是给卖印章的人给骗了。黄校长接着说："既然是给卖印章的人骗了，就应该找卖印章的人。美术科的学生练习仿制赵之谦是正常的功课，他自己既没有卖印也没有说印是真的，何错之有呢？"为了给议员们一点台阶下，黄校长继续说，"诸位都是行家，这位学生连你们都给骗了反倒说明他的印的确刻得不错，你们买了也没什么损失。我们应该为本省有这样杰出的年轻人感到高兴，鼓励他继续深造，将来为本省争光。"一番话让议员们心里舒坦了许多，便只请校长加强管理，也不想再追究什么了。

　　议员们走后，黄校长把瑞麟唤来办公室，让他把仿制印章卖钱的事情慢慢道来。瑞麟心中又惊又怕，以为自己犯了大错，没想到校长听他说完后却笑得合不拢嘴。黄校长让他不必害怕，一切都由自己替他解决了。他说："这件事自始至终是门房老张搞的鬼，你是蒙在鼓里，不知者无罪。造假印是不对，将来不可以再做这样的事情。但是，通过这件事说明你的印制得很好，努力钻研下去，将来未必比赵之谦差。你应当打响自己的名号，卖自己的印，我再在报上推荐你，不愁没人找你刻印。"黄校长的鼓励让瑞麟心潮澎湃，也为他指了一条明路，他第一次有种想要在篆刻方面闯出一番天地的冲动。

　　要想打响名号，首先要起一个高雅的名字。在瑞麟所读的众多文学作品中,屈原的《离骚》是他的最爱。而对这样一位"抱石怀沙"自沉于汨罗江的伟大诗人,瑞麟更是敬仰万分,他经常激励自己成年后也要像屈原一样,成为一个以国家兴亡和人民疾苦为念,为了心中的理想和追求甘愿牺牲生命的人。为了让自己牢记这样的信念,傅瑞麟决定用"抱石"二字作为自己的名号。另一种说法是,由于傅瑞麟尤为推崇三位名字中有"石"的清代画家,他们是石涛、石溪、吴昌石(又作硕,南方语音中,"石"、"硕"同音)。很多年后,傅抱石的女儿傅益瑶谈到父亲取名"抱石"的缘由时,认为其中原因并不那么复杂。当时的傅抱石还处于少年时代,对石涛等人的理解和兴趣都还没到那么深刻的程度。"抱石"就是怀抱石头的意思,因为父亲非常喜欢刻图章。不论简单或者复杂,可以肯定的是傅抱石先生一辈子与"石"都有着不解之缘。

后来,又因为古来艺术家都爱用斋名,傅瑞麟就为自己取了一个斋号:"抱石斋主人",后来干脆用来作为自己的名字,一生也没有再变过。不久之后,黄校长兑现诺言,在报纸上向社会公开推荐"抱石斋主人":"江西省第一师范学校校长黄光斗介绍抱石斋主人治印,每字五角,接件处师范学校传达室。"

没想到公告刚一出来,到学校来找"抱石斋主人"求印的人便络绎不绝。更有甚者,干脆抬着轿子来请"抱先生"。老张逃走后,门房重新换了人,被找上门来的人弄蒙了,心说学校里从没什么"抱先生",而且还这么受欢迎。听说来的人都是求印的,他便赶忙去找校长。黄校长早就料到傅抱石的才华总有一天会引人关注,却没想到这一天来得这么快,心里着实为这个学生激动了一把,吩咐门房以后再有人来找"抱先生",就领到傅瑞麟那里去。

原来,议员追查卖"赵之谦印章"的事情已经闹得满城风雨,南昌文化界盛传第一师范有个学生仿刻的"赵之谦印章"十分传神,竟让许多官老爷和议员们吃了大亏。这个人无疑就是第一师范的校长黄光斗推荐的"抱石斋主人"。一时间,"抱石斋主人"的治印在南昌声名大噪,一传十十传百,自然就有许多人前来找傅抱石刻印。每个字五角,一方印最少一个大洋,虽然比不上仿制时来钱那么快,但是薄利多销,而且关键是这钱拿得踏实。傅抱石凭自己的本事挣钱,让母亲的日子渐渐过得好了起来,再也不用熬夜做手工活或者为大户人家做工了,徐氏为有这个儿子感到无比骄傲。傅抱石刻印时常要刻到半夜,肚子咕咕叫的时候就问母亲:"咱们吃过晚饭了吗?"母亲就回答他:"吃过了。"过了一会,傅抱石的肚子又叫了,又问母亲:"我们真的吃过了吗?"母亲好笑:"你要是饿了就再吃吧。真是刻印刻成痴了!"抱石觉得母亲的形容很有意思,便刻了一方"印痴"。这一年,傅抱石年仅十八岁,从少年时代直至晚年,傅抱石从没停止过篆刻,刻印的总数将近三千方,研究篆刻的著作数十万言。"印痴"这枚印章也从此陪伴他度过了一生,极为珍爱。

贰 青年时期：生逢乱世求自立

傅抱石受益最多也最喜爱的便是石涛。石涛是我国清代的著名画家、僧人。明末清初的"清初四僧"之一。本姓朱，名若极，小字阿长，为僧后，更名元济、超济、原济，自称苦瓜和尚。石涛作画构图新奇，千变万化，同时讲究气势，纵情洒脱，不拘泥于小处的瑕疵。石涛对后世的影响可谓相当巨大，其作品历来都被收藏家所钟爱，并且近现代很多著名的画家都曾经在某个阶段学习过石涛，甚至终身受益于石涛。有的人费尽财力收集石涛的画，以便于模仿到一丝不差的地步。

一　　斗群英立威信

傅抱石最早是通过篆刻扬名的，并且在替人刻印的过程中，他还逐渐有了新的感悟。早前他仿刻赵之谦，别人以为那是古董，才肯花钱买；刻意地模仿前人，即便刻得再好，也只是仿制品。今天的人治印是为自己，要想被今天的人认可，必须要建立自己的风格，这就需要创作。刻印已经成为傅抱石一家的经济支柱，但是傅抱石绝不仅仅把它看做挣钱的工具，他把刻印当做施展自己创造力和想象力的一个媒介。因此，傅抱石每接到一个刻印的工作，都要全身心地投入其中，思考如何能刻得更好，如何能将自己的理解和想象融入其中。经过反复尝试，傅抱石渐入佳境，将自身所学融会贯通，逐步形成了强烈的个人风格。

与此同时，傅抱石也从未放松对绘画的探索。就在他从预科转入艺术科学习的时候，傅抱石和当时大多数追求进步的青年学生一样，加入了"南昌青年学会"。在这里，傅抱石能够接触到当时最先进的思想。通过与其他有才识的青年认识和交往，阅读进步刊物，傅抱石对于美术的创作和理论的认识就不仅仅停留在学校的图书馆中了。他一边有针对性地翻阅大量美术创作方面的书籍，做了许多记录；一边也开始尝试创作山水画。

由于自小打下的绘画基础,傅抱石的绘画兴趣很广泛,花鸟鱼虫、人物风景,他几乎是看到什么就画什么。而此时,石涛、石溪、程邃的山水画,还有吴昌硕的梅、兰、竹、菊对傅抱石产生了巨大的吸引力,他通过不断地临摹找到了一些山水画的感觉。

其中,傅抱石受益最多也最喜爱的便是石涛。石涛是我国清代的著名画家、僧人。明末清初的"清初四僧"之一。本姓朱,名若极,小字阿长,为僧后,更名元济、超济、原济,自称苦瓜和尚。石涛作画构图新奇,千变万化,同时讲究气势,纵情洒脱,不拘泥于小处的瑕疵。石涛对后世的影响可谓相当巨大,其作品历来都被收藏家所钟爱,并且近现代很多著名的画家都曾经在某个阶段学习过石涛,甚至终生受益于石涛。有的人费尽财力收集石涛的画,以便于模仿到一丝不差的地步。但傅抱石学习石涛的方式却与众不同,他不局限于临摹,而更关注石涛有关绘画的思想、主张和对绘画创作中的实际问题的处理方式。傅抱石非常欣赏石涛的革新和创作精神,即尊重自我,强调要直接面对自然,感受山水之间蕴藏的无穷力量。这些见解和主张给青少年时代的傅抱石带来激励和鼓舞,因此从这时起,傅抱石的一生都与石涛紧密联系在了一起。

在石涛精神的感悟下,傅抱石于绘画当中也开始寻找自己的风格。迄今为止,世人所发现的傅抱石最早期的作品,是他1925年绘制的山水四条屏《策杖携琴》、《竹下骑驴》、《秋林水阁》、《松崖对饮》。这四条屏虽然摹画的是倪云林、米芾、高凤翰、程邃等人的风格,但是很明显,傅抱石没有单纯的模仿,而是有意地加入了自己的想法,将飞动的线条和节奏、气势等方面进行重新诠释。

　　傅抱石在阅读中发现,当时还没有一本能够将画史系统而完整地展现在人们眼前的著作,他便决心自己写一部,来弥补这个巨大的遗憾。1925年的时候,傅抱石仅仅二十一岁,他就敢向古往今来的美术大家和权威学者们进行挑战,这与他过人的见识和积极寻求突破的精神是分不开的。于是,傅抱石每天都到图书馆查阅资料,就地伏案写作,在平静的外表下,进行着狂风暴雨般的思想洗礼,历经七个多月,终于写出了十多万字的《国画源流概述》一书。虽然这部书当时没有出版,却让傅抱石将中国美术史了然于胸,为将来撰写大量的美术理论著作打下牢固的基础。

　　1926年,二十二岁的傅抱石从江西省立第一师范学校艺术科毕业,被留校担任附属小学的教员。当时,学校教员的收入相当不错,但是由于北洋军阀孙传芳盘踞江西的日子就要到头,社会系统混乱,教育经费紧张,学校教员的薪金都要打九折,而且每隔半年左右还会欠一次薪。因此,经常发生学校教师们集体到教育厅门口讨要薪水的情况。同时,通货膨胀严重,米价涨到了四个大洋一石。傅抱石的月薪是六十元,打九折即五十四个大洋,相当于一个月的薪水只能买十三石半的米。即便是这样,这每月十三石半米的薪金对于过惯了苦日子的傅抱石一家来说,生活水平还是有了质的飞跃。

　　想当年,陶姓警察教傅抱石识字的时候,母亲徐氏就指望他将来也能像老陶一样当个巡警就心满意足了。而今,与月收入不到十六元的警察相比，徐氏的愿望被傅抱石整整翻了四倍。当傅抱石将当教员之后第一个月收入的五十四个沉甸甸的大洋交到母亲手中的时候，徐氏心中百感交集。虽然傅得贵没能看到儿子今日的出息，但是儿子走出了自己的路，还成为受人尊敬的教师，这让做母亲的倍感骄傲。义父熊典宝享到了义子的福，曾经自己舍不得吃穿也非要让傅抱石吃好的他，现在也能吃好喝好，过上了一段惬意的日子，最后心满意足地离开了人世。

傅抱石当小学教员的第一年，手头逐渐宽裕，将"傅得泰"修伞铺修缮一新。但是，家里除了母亲，还有沈飞和"老大"两人，这间旧木屋就显得过于狭小。于是，一年后，傅抱石就将一家人搬到了余家试馆。这个地方叫"小金台"，是一座大杂院，其间有七八进房，每进又有五间，傅抱石就租下了其中一间老房子。房子虽然老，但是比起棚户区里的修伞铺，这里才算是正式的房屋，而且比较宽敞。用木板一隔开，再放上书桌、书柜、椅子和简单的家什，傅抱石和母亲，连上沈飞和"老大"，一家人住得比在木棚里舒适了很多。过上了好日子的徐氏，没有忘记以前在贫困中还给自己支持和帮助的穷朋友们，她特地邀请他们来家里热闹了一番，并把那个注入了傅家两代人情感的修伞铺送给了邻居，让他们拿它做点别的生意。

眼见着生活向着好的方向发展，世间的不平事又找上了傅抱石。就在他当上一师附小教员的第二年大年初一，新年的欢乐气氛和搬进新家的喜悦之情正围绕在一家人身旁，开门的第一位客人竟是刚上任的附属小学校长。傅抱石知道新校长的登门拜访必是事出有因，便赶忙把他请进屋中，端上茶水招待。不明就里的徐氏还感到很荣幸,可她没想到,这正应验了"黄鼠狼给鸡拜年,没安好心"的老话。这位校长送来的新年贺礼竟然是一纸退聘书。他推说学校经费短缺,不得已裁员,同时还说外面传言,傅抱石业余生活太丰富,经常迟到早退,耽误了教学等等,影响了学校的声誉,让傅抱石另谋高就。傅抱石听了,心中十分生气。他承认自己业余时间是比较繁忙,由于"抱石斋主人"的名号深入人心,师范学校的各项活动都会请他参加,他人缘又极好,甚至开联欢会写会标、画海报的事情也都答应帮着做,再加上自己在篆刻和绘画上都投入了大量的精力。但是,傅抱石对教育的态度是非常严谨的。他自小在求学的道路上历经坎坷,深刻理解学习对于穷人家孩子的不易,所以对这些孩子他都是竭尽所能地教给他们知识,给予他们帮助。即使有时候迟到早退,他也会利用其他方式给孩子们补上,这是孩子们和同校的教员们都能理解的。辞退傅抱石的真正原因,一是新官上任三把火,新校长要打压一些"不安定"的分子,傅抱石便首当其冲,成为新校长杀一儆百的目标;二是新校长要安排自己的亲信进来,所以要腾出位子,傅抱石最年轻又没有后台,正是最好的人选。

傅抱石纵然知道其中有不可告人的原因,也只能接受现实。大年初一遇上这样的事情让人难堪不说,大多数学校又都是在秋季新一学期开学的时候才开始招聘教师,这样一来,傅抱石就只能从春天一直在家里赋闲到秋天,一家的经济来源就要断了。徐氏也没有了过年的心情,这好日子还没过稳当,别是又要回到修伞铺了吧?

正当傅抱石为被退聘而苦恼的时候,有人却觉得这是一桩大好事。此人就是江西省立第一师范,当时已改为第一中学的教务主任廖季登先生。廖先生毕业于北京师范大学,为人正直,在教育界颇有名望。在传统教育需要改革、先进教育需要人才的时期,廖季登在得知傅抱石被解聘的事情后,对附小新任校长的做法非常反感。他在傅抱石还在第一师范读书时期就已对他刮目相看,对其才华和人品都十分欣赏,现在有这么个能当大任的教育人才失业了,他怎么能够错过。于是,廖季登便急忙赶往傅抱石的新居。

刚走一个新任校长,学校又来人,徐氏以为没有好事,对这位陌生的来客不理不睬。傅抱石却认识先生,连忙作揖,客客气气地请进屋。傅抱石惭愧地说:"先生不知道我刚被附小解聘了,已经不是一师的人,先生还来找我有什么事呢?"廖季登听后呵呵地笑,说:"恭喜恭喜!我正是为了这件事而来。傅老师教小学实在是埋没人才,他们不要你正好,我就把你推荐到中学部去。"傅抱石本是很高兴,突然又担心起来,回答说:"廖先生的厚爱,学生没齿难忘。可是小学都不要我了,我再去中学部,不是给别人闲话讲吗?"廖季登拍拍胸脯,说:"一切有我,我去向校长说。像你这样的人才,我不找你,也有别人来找你。你是从一师走出来的,再走回来为一师做贡献是一件美事,只要你肯教,别人说什么,由我来顶。"廖季登的真诚邀请让傅抱石非常感激,连忙向先生承诺,一定尽心尽力好好教书,从此傅抱石也和教育结下了一生的缘分。

傅抱石去中学部后,便在艺术科教国画、篆刻及理论。这里曾经给傅抱石带来了许多既艰辛而又快乐的时光,他再熟悉不过。所以，开学当天，廖季登教务长带着傅抱石进入教室，要向学生们介绍这位新老师的时候，傅抱石却谦虚地说："不用介绍了，这里很多同学都认识我。我是在'令公庙'(第一师范的原址)毕业的。原先在小学部教课，所以经验不多，如果大家以后觉得我教得不好，尽管随时向教务长提出换教师。"傅抱石的这种谦虚、坦诚的性格，赢得了学生们的尊敬，大家以热烈鼓掌的方式欢迎这位新老师的到来。之后，因为傅抱石年轻又富有才华，比那些年长腐朽的先生们更平易近人，教的课也更丰富有趣，引得学生们非常喜欢他，十分听他的话。师生之间建立了牢固的感情，傅抱石在学校的威信也就与日俱增了。

继之前完成《国画源流概述》之后，傅抱石又开始搜集大量关于金石篆刻方面的资料，用了整整一年的时间，完成了《摹印学》的写作。这本书全部以小楷写成，字迹工整。后来，又加入了一些修改，重新用小楷誊写，改名为"刻印概论"。书中对我国数千年的印章艺术进行了系统的评述。这样的著书手稿，对于一个二十二岁的青年人来说，是极为不易的，而对整个中华印刻艺术也是一次巨大的贡献。2004年，为了纪念傅抱石诞辰一百周年，上海古籍出版社以线装本影印出版了这本《刻印概述》。

傅抱石在中学部的薪水是一百四十元，打九折仍有每月一百二十六元的收入，这比在小学部时又翻了两倍多，当时这已经是非常高的收入。塞翁失马焉知非福，傅抱石丢了一个小学教员的工作，迎接他的却是更广阔的一片天地。经过这件事，母亲徐氏再也不用担心了，她知道儿子是有真才实学的，在哪里都能站得稳当。

母亲对傅抱石从事教育事业会有出息的看法非常正确。一个从棚户区走出来的青年教师，骨子里就有着百折不挠的坚毅品质和与顽固的保守派较量的斗志。在学校内部，对傅抱石有截然不同的两种看法，一种是以第一中学校长罗九经老先生和教务长廖季登为代表，他们希望通过傅抱石的个人才华，带动整个学校的教育氛围向着富有朝气和创新改革的方向发展。这种想法也受到许多青年教师的欢迎，在这样的教学环境中，他们的先进思想和教育手段都可以发挥出来。另一种是来自一些从大学或者其他美术院校毕业的教师，他们固守传统，认为一个本校毕业的中专生没有资格在这里教书，多次向罗校长提出意见，要求辞去傅抱石。

罗九经校长当然不会辞去傅抱石，但也要想办法稳定这些老先生们的思想情绪。于是有一次，他亲自率领一批对傅抱石提出过意见的教师们，要给傅抱石来个"突然袭击"。

校长带着教师们突然闯进了艺术科的教室，正在上课的傅抱石先是一愣，以为发生了什么事情。只见罗校长对他微微一笑，示意他继续，傅抱石便心无旁骛地继续给学生们讲课。他讲的是图画理论，这是他再熟悉不过的，从古代画家的各种创作方法，再讲到画家们在绘画过程中发生的各种事情，乃至于这些事情对于画家作画的启迪和触动，内容丰富，且妙趣横生。傅抱石讲课时，声音洪亮，从容不迫，学生们听得如痴如醉。即使是平日里最顽劣的孩子，或者是那些为了逃避被抓壮丁才来学校的富家子弟，也都老老实实地坐在位子上听讲。课堂上秩序井然，学生们听到精妙之处,还会引发哄堂大笑,就连罗校长和其中几个教师也忍不住笑出声来。

不知不觉,罗校长站着就把这堂课听完了,他对傅抱石的讲课感到很满意。他问身旁的几位教师:"你们看学生们都爱听傅老师讲课,他教课也确实很称职,各位还有什么意见吗?"看到这样的情景,原先总是对傅抱石提意见的老师们一时也无话可讲了。第一次交锋,傅抱石以自己的艺术水平和教学魅力,赢得干净漂亮。

在傅抱石到达第一中学任教的第一年里,艺术科的学生专业水平提高很快,在当年的考试中纷纷考出优秀的成绩。南昌的教育界都知道,这是傅抱石的功劳,他的名声也就越来越响了。第二年,各家学校一开学,便抢着请傅老师去兼课,其中有当时的第二中学、女子中学、女子第二职业学校等等。傅抱石一时间成了南昌教育界最炙手可热的人物。

随着傅抱石得到的赞誉越来越多,对他眼红的同行们更加怀恨在心,他们商量着要联合起来整垮傅抱石。这些人知道第一中学的罗九经校长和教务长廖季登先生有意维护他,学校里是整不了傅抱石的,就要到学校外面去整。有二十七位教师联名上告到教育厅,指责第一中学随便任用缺乏资历的傅抱石,严重影响了学校的教育水平,破坏了教师任用的规范。按他们的意思,就是如果连傅抱石这样高中毕业的人也能当教师,那么上过大学的教师们岂不是白学了?教育厅不应该让第一中学开这样的先例,因为一旦破坏了规矩,将会对本省的教育前途极为不利。总之,他们故意危言耸听,想以众欺寡,用教育厅的力量,逼迫第一中学裁掉傅抱石。

可惜这些人又想错了。时任江西省教育厅厅长的是曾因为主张民主而被捕入狱、著名的"江西七君子"之一的朱念祖先生。朱先生心系中国教育的前途和未来,对这帮自以为是又十分顽固的教师是很反感的,反倒对傅抱石的印象很深刻。因为傅抱石在前年全省的会考中获得了第一名,当年派去监督会考的教育厅人员回来后就告诉了朱先生关于傅抱石的许多传奇经历。朱先生听说这个青年人不仅文章做得好,金石书画也样样精通,心中就很感兴趣。加上后来傅抱石到第一中学当教师,其他几家官立学校也争着要他兼课,这样难得的才俊让教育厅长非常赏识,在他心中,这个高中毕业生比那些徒有虚名的大学毕业生强了不知道多少倍。

但是既然有人联名上告,朱先生也不能不管。于是,他把二十七名教师全部请来,向他们提议,商定个日期,请二十七人加傅抱石共二十八位教师一同来教育厅,进行一场业务考试。然后,再请本省的名家们做个评定。如果傅抱石的水平果然不如其他老师,教育厅就责令第一中学解聘他。但是,如果傅抱石赢了,朱先生希望诸位教师也能给个说法。这一招吓得联名上告的老师们立即撤退,没人敢跟傅抱石正面比试。

那些老师心中不甘,明的不行,就来暗的。他们连续在南昌当地的小报上写文章围攻傅抱石。傅抱石当然不会退缩,双方以文章在报纸上展开了激战。傅抱石虽然以一敌众,却没几个回合就大获全胜。报纸为了增加销量,又将二十七名教师联名上告傅抱石,到后来不敢比试,落荒而逃等等作了一番报道,使得傅抱石的知名度大增。许多私立学校也来请他兼课,他在南昌教育界和艺术界终于站稳了脚跟。

民国十八年,就是1929年,省立一中扩大招生,开办了高中艺术科。那时候,一般学校都比较重视中文、英文和数学,不看重物理和化学,更加不会重视美术。高中虽然设置了艺术科,但是因为在社会上不太容易找工作,所以大多数学生都会选择文理或者师范科,报名美术科的人少之又少。于是,学校为报考艺术科的学生出台了一些优惠政策,为音乐组配备器材,为手工组供给材料,为西画组提供美国进口的画箱、画架、画布,为国画组免费发放笔墨、纸和图章等。这样一来,便大大增加了报考的人数,一些富家子弟和名门闺秀也都慕名而来。

一中为了进一步增强号召力,特别聘请了一些当时当地的名人前来授课。其中包括前清举人、当过县主簿等官职的熊粟海老先生。熊老先生早年曾在苏州学画,承袭传统的绘画技法,在美术界也具有一定的知名度。经过校长三番两次诚恳地邀请,老先生才肯到高中艺术科教授国画。

熊老先生很讲究排场,外出时,听差和保镖寸步不离地守护在身旁。但是,老先生刚教了一个学期的课,就在一次外出参加祭祀活动的时候受了伤。因为熊氏是南昌的大姓,族人每年冬至那天都要在祠堂祭祀祖宗,典礼会搞得很隆重。分发祭品时,每个族人都能得到一斤肉。熊粟海老先生作为族中颇有社会地位的长者,是主祭者之一,所以每年都要参加。这年的冬至日,熊老先生照例在听差的搀扶下,手执一柄手杖就出门了。因为距离祭祀地点较近,他没有坐轿子,而是走着去的。屋外刚下过雪,街上的石板路年久失修,本来就已经被踩得很光滑,加上结了一层薄冰,熊老先生一不留神就拉着听差一起滑倒了。碰巧的是,高大结实的听差正好压在了熊老先生的身上,老先生便伤上加伤,腰部骨折了。

　　由于当年的医疗水平不高,熊老先生年纪也大了,骨折很难恢复,既没办法站,又没办法走,国画课也就没办法再教了。学校急着找人顶替熊老先生,一群学生们听到消息,就集体到校长室找罗校长,请求让傅抱石来教课。这些学生很多都是从初中部升上来的,最爱听的莫过于傅老师的课,他们觉得傅抱石讲课远比熊粟海那种墨守成规的老一套有趣得多。罗校长心里早就想让傅抱石来接替,只是碍于傅抱石从附小教到初中部,已经惹了不少风波,这么快又再教高中部难免又遭人非议,为了保护他才一直没有提出来。现在,学生们来为老师请愿,这无论在原先的第一师范还是更名后的第一中学都是从未有过的,充分说明傅抱石深受拥护。罗校长当然乐意做个顺水人情,立刻便请傅抱石去教高中部的国画课了。

　　傅抱石在初中部主要教篆刻和山水画,现在把熊老先生原先教的翎毛花卉接着教下去,还要讲画论、印学和美术史。这是一个全新的教学项目,没有现成的教案可以使用,傅抱石就自己动手编写。他把之前完成的《国画源流概述》重新整理,加入更多的内容和材料,将中国数千年的画史以深入浅出和明确新颖的方式展现在他的课堂中。每周仅仅两个小时的课,傅抱石因为胸有成竹,讲得引人入胜,又即兴发挥,加入了很多名家轶事,以幽默和充满智慧的语言,阐发了许多独到的观点。学生们听得不过瘾,还在下课后和课余时间找到傅抱石,向他请教有关美术理论和国画创作的问题。因此,傅抱石的学生不但水平提高得快,而且对于艺术的热爱都是发自于内心的。

1931年,傅抱石在《国画源流概述》基础上完成的整部讲义稿,由上海南京书店出版,书名为"中国绘画变迁史纲",成为傅抱石正式出版的第一部美术史著作。

二　挚　爱

傅抱石教的艺术科学生当中一共有五个女学生,都是大家闺秀,她们对这个中等身材,脸色白皙,肩膀一边高一边低,烟不离身,长袖总不合体,一副不修边幅样子的青年老师反倒觉得十分有趣。尤其是一个大眼睛、鹅蛋脸,留着一头利落的短发的小姑娘,她有些调皮又特别率真,总爱给傅抱石来点恶作剧。这个女学生就是罗时慧。

傅老师上美术史课需要引用古文,不但要使用大小篆体,还要用到一些异体字、生僻字等。他从不偷懒,为了加深学生的印象,将整句整段这样的古文清清楚楚地写在黑板上。可学生们还是看得眼花缭乱,为了增加他们的兴趣,傅抱石又想出一个办法：他自立规矩，如果自己写错一个字，只要有学生当场指出来，就罚款一个大洋。这样一来，学生们果然都睁大了眼睛挑黑板上的错字，从而提高了学习效率。但是傅抱石对教学向来严谨，要想让他写错字还真不是件容易的事情。

◎ 就读南昌女子中学时期，罗时慧和她的好友在一起。左一为罗时慧

罗时慧偏就不信，既然找不到错字，她就想给傅老师制造出来。一次，她终于逮到了机会。傅抱石写完一整段古文后，让学生们抄录，说自己出去一下很快便回。傅抱石前脚刚走出教室，罗时慧就跑上了讲台，用手指把文中的"直"字里面三横偷偷擦

去一横。这个古文很长,洋洋洒洒地写满了整块黑板,所以少掉的这"一横"很不起眼,罗时慧对自己的"杰作"感到很满意。

傅抱石回来后,浑然不知黑板上的古文已被做了手脚,正要继续上课,罗时慧突然举手发言。傅老师示意她有什么问题尽管说,她便站起来,镇定自若地指出:"傅老师,我发现您写的'直'字中间少了一横,按照您的承诺,应该罚款一块!"

傅抱石回头一看,便笑了,说:"我哪里写错了,明明是有人将我写的三横擦去了一横。大家看看,原来一横的地方还有未被擦干净的粉笔印呢!想必就是你擦的吧,还不快从实招来!"

又有一次,傅抱石的讲义来不及印,就在黑板上大段大段地写出来,让学生们逐段抄录。其他的学生都老老实实地抄,唯有罗时慧心不在焉。她看到外面天气很好,便提议邻座的几个女同学,一起去旁边附小的幼儿园荡秋千玩儿。但是大家都出去了,讲义就没人抄了。罗时慧又想出点子,让大家抽签,谁抽着,谁就留下来做笔记,其他人玩一会再回来抄她的。可大家一玩就忘了时间,到下课时,傅抱石发现几个座位空着,其中就有罗时慧,他断定又是这个丫头搞的鬼,心中便有了防备。再一次上课,罗时慧又想故技重演,傅抱石连头也不回,就大声呵斥:"站住!又是罗时慧出的主意吧,既然你想出去玩,我偏要把你一个人留在这里抄笔记,放其他人出去玩。"

傅抱石上篆刻课时,会从秦玺汉印、晋唐宋元,以及各大流派的名家中,选取一些最为精妙的代表作,让学生们摹刻。如果有些学生想要练习刀法,或者自由创作,他也十分欢迎。只有对一件事他要求严格,就是不得乱刻乱划。也许因为从小刻印吃尽了辛苦的缘故,成年后的傅抱石对印章特别爱惜,所以他要求学生们也得尊重篆刻这门艺术,如果胡乱刻划,被他收上来的时候查到了,就必须仔细磨去,重新再刻。可是,这些十几岁的孩子哪有几个懂得爱惜的,尤其罗时慧,她不喜欢动手刻,倒喜欢把好看的图章拿回家收藏。傅抱石看她不刻,每次上课发石章的时候,就故意把破损的给她。罗时慧眼尖,总提意见,叫傅老师不许偏心,也要发好的给她。傅抱石嘴上虽说"好的给好学生,坏的就发给坏学生",气得罗时慧嘴巴撅得老高,可最后,傅抱石还是会重挑一枚好些的,换给罗时慧。

傅抱石明着经常批评罗时慧几句,但骨子里对这位思维敏捷、个性爽朗的女学生却是十分喜欢的。而且,自己小时候还不是做过砸老师酱缸的事,这么一想,反倒觉得罗时慧的顽皮可爱跟自己有几分相似。傅抱石平时教些普通的内容时,大多数学生都听得很认真,唯有罗时慧一副心不在焉的样子;一旦讲些难的、复杂的内容时,其他学生都似懂非懂,罗时慧却反倒来了精神,提出许多古怪的问题来,而这些问题往往都切中要点。这些奇思妙想的特质和幽默中透着聪慧的风格,真是与傅抱石如出一辙。

另一方面,虽然总被傅抱石批评,罗时慧却从来不生老师的气。她发现傅抱石为人谦虚,完全不以老师自居,而是特别愿意与学生平等交流。同时,这位傅老师的知识渊博,不论美术史、篆刻史,在他的嘴巴里都变成了精彩的故事,吸引着学生们跟他一起去回顾和探寻。罗时慧还看过傅抱石写的文章、画的画和篆刻的印章,她觉得这世上怎么会有这么完美的老师,好像什么都难不倒他。于是,罗时慧更加关注傅老师的一言一行,越看心中越有好感。

　　罗时慧从同学们的口中听到不少有关傅抱石的传闻。其中,包括他对母亲的孝顺,对沈飞等学生的帮助,还有与南昌城的名家们论战等事,这再一次勾起了罗时慧的好奇心。她约了几个女同学,准备悄悄去傅抱石家一探究竟。在罗时慧的想象中,傅老师的家应该是摆满了书籍,窗明几净。可惜,等她们找到余家试馆时,都傻了眼。这里竟是个大杂院,大门口横七竖八地挂满了招牌,有代人写书信的,有代洗衣服的,还有拔牙镶牙、代织毛衣……总之,在这些大户人家的小姐们看来,这里跟菜市场没有两样。其余几位女同学不敢进去了,可罗时慧偏要看个明白。她们跟裁缝铺的老板娘打听一番后,终于在大杂院的里面一进房屋中找到了傅抱石的那间。老屋有些残破,门前的竹竿上晾着洗得发白的衣物,门口坐着个老头在抽旱烟,这老头正是"老大"。罗时慧悄悄往屋子里面一瞥,有个少年在安静地看书,这个少年当然就是沈飞。

　　回去的路上,罗时慧百感交集。她想到课堂上傅抱石幽默风趣的背后,是这样沉重的责任和侠骨柔肠的性情。她为发现了傅抱石不为人知的一面感到欣喜,好像这是他们两人的秘密。那之后,罗时慧上傅抱石的课,变得认真了许多,课后也经常向老师请教。一次,罗时慧请傅抱石画一幅菊花,自己照着临摹。可是,等罗时慧画完,交给老师时,傅抱石发现画中只有花却没有叶子。傅抱石有些不解,问其何故不画叶子。罗时慧吞吞吐吐地说,她不知道怎么画。傅抱石立即拿起笔来,一边画给罗时慧看,一边给她讲解其中的方法。谁知,当傅抱石画完,罗时慧又请他题个款。傅抱石便写了:"时慧作花,抱石添梗叶。"罗时慧看着师生二人完成的作品,脸上微微泛红。原来她根本就会画,只是故意留下绿叶让傅抱石来添。

随着收入逐渐增多,傅抱石就考虑着给母亲换个更好的生活环境。他对学生们说:"老师有一个困难,想请大家帮帮忙。我和母亲现在住的房子只有一间,太小了,想换一个较宽敞的地方。我只有三个要求:一是靠学校近;二是靠书店近;三是靠戏院近。"学生们一听傅老师需要帮忙,便到处打听。找了一圈才发现,最符合标准的房子近在眼前,那就是罗时慧家的新屋。在南昌城中西部靠近南湖的灵应桥北第一百号,原先有一个职业学校,后来拍卖时被罗时慧的父亲买下,改做住宅。现在,这座建筑的大门口挂着一块木牌,上面写着"豫章罗寓"四个字,这便是罗时慧的家。这里离学校很近,过了灵应桥,拐弯就是热闹的"洗马池"一带,书店、戏院应有尽有,完全符合傅老师的要求。时慧当然愿意帮这个忙,而且她家的新屋快要完工,共有五间新房,连着大院却隔了个墙,自成一户,让傅抱石一家住进来又方便又舒适。但是罗时慧不敢做这个主,她告诉傅抱石,家里还是大妈说了算。

傅抱石下课后,去罗府外面绕了一圈,看见果然如时慧所说,心中非常喜欢,干脆请时慧引进家里去,亲自拜访她的大妈。大妈听说傅抱石的来意后,本是不大愿意的。她看傅抱石只是一位穷教师,便料想他也拿不出几个租金。可没想到,傅抱石诚

◎ 傅抱石的岳父罗秋皋、岳母李维屏

心想租下外面的新房,说是请大妈帮帮忙,租金多少都行。大妈倒也不客气,说要等新房盖好后看建筑成本,每月收取成本的二分利息作为租金。这样一笔租金可不是小数目,如果成本是一千元,每个月就要二十个大洋。没想到傅抱石竟肯定地说,房租不是问题,这房子他租定了。大妈看傅老师这样豪爽,倒也乐意将房子租给他。

可惜房子建了一半,又出了状况。地政局的人通知罗家立即停工,说按照规定,临街的房屋必须退后三尺。这样一来,不但要将砌好的墙拆掉,重新盖房的面积也会小很多。正当时慧的大妈一筹莫展的时候,傅抱石主动请缨,说让他来想办法。大妈又是不信,以为他只是说说大话罢了。没多久,傅抱石拿着一封地政局冷局长的亲笔信回到罗府。大妈打开一看,信上写着"职员宿舍属特殊情况,准予施工",上面还盖了大印,顿时大喜过望。从那以后,这位大妈对傅抱石便另眼相看,加上傅抱石依照约定,每月付给罗家三十多元的租金,大妈更是痛痛快快地将房子租给他。往后,傅抱石与罗时慧就成了邻居,交往更加密切。

罗时慧与傅抱石的生长环境是截然不同的。她是大户人家的小姐,父亲叫罗鸿宾,字秋阜,是前清监生,后来捐资做了官,历任江西税务局长、法院院长等职务。除了做官之外,他还通过经商投资积累了一大笔家财。到了老年,罗老先生便赋闲在家,读书写字,自得其乐。

罗老先生共有四位夫人,其中一位早逝,罗时慧是第三房太太李维屏所生。这位李太太也是贫苦农民出身,幼年时候进入罗府做丫头,伺候罗家大太太。最初,李维屏的工作是每天给大太太磨珍珠粉。由于在灶间磨粉太枯燥,她又聪明好学,就从书贩子手里买些小人书来，一边磨粉一边阅读。看不懂的，她便向常来府上吃饭的客人请教。时间久了，李维屏看的书越来越多，日后竟然成了一位诗歌、书画都很精通的知识女性。后来，老爷收她做了如夫人，取了个正名叫做李维屏。

时慧是李维屏在1911年随四十七岁的罗鸿宾在奉天做官时所生，因此小名叫"奉姑"。由于在时慧之前，罗老爷曾有一女早夭，加上老来得女，他便把时慧当做掌上明珠。

罗时慧还在上初中的时候，北伐军从南方打过来，攻入南昌，革命运动风起云涌。她个性活泼，对新思想的接受能力特别强，立即投入革命的浪潮中，积极参加学生运动。不久，她加入了"CY"——共产主义青年团，并被推举为江西省学联的干事。罗时慧剪了头发，牵着北伐军妇女协会主席蔡畅同志的女儿，到处活动演戏。她用老调即兴创作新词说快板，鼓励妇女们放脚、剪发，跟她们一起闹革命。在《复活的玫瑰》等宣传妇女解放的戏中，罗时慧又女扮男装，出演重要角色。正是在舞台上，她第一次看到时任北伐军政治部副主任的郭沫若为自己鼓掌。罗时慧后来又随方志敏等去九江参与工人群众夺回租界的斗争。1927年"四·一二"事变之后，被派回南昌搞秘密宣传，刚到九江码头就被家人抓了回去。按照罗家的族规，女孩子不守闺训，私奔外逃，一旦被抓回来要活埋。但是，当年罗时慧还不到十六岁，且并非和人私奔。罗老先生又娇宠惯了这个女儿，在母亲的求情下，父亲只是假装痛斥了她一番，就让她装上假辫子继续上学去了。从这短暂而又惊心动魄的经历当中可以看出，罗时慧虽然是一位千金小姐，但在心里却埋藏着叛逆的种子，在婚姻问题上,对"父母之命"、"媒妁之言"之类,不屑一顾。这就为她日后打破世俗的偏见,与真心相爱的傅抱石走在一起奠定了基础。

罗老先生回府后,听说家里的房子租给了南昌城里炙手可热的青年才俊傅抱石,心中别提多高兴了。他赋闲在家的日子虽然不愁吃穿,整天可以借书本、字画为乐,但却总感到缺少一位知音。从夫人口中得知,傅抱石在为罗府盖新房的事情上,不辞辛劳地奔波,罗老先生便命女儿请她的傅老师有空来家里吃吃茶。傅抱石第二天一去,罗老先生就从他的言谈举止中发觉,眼前的这位傅老师比传闻中说的更加俊逸。傅抱石为人谦虚,对罗老先生十分尊重。于是,老先生就与傅抱石畅谈书画、篆刻,情之所至,两人又挥毫泼墨,好不尽兴。罗府的上下都看傻了,从没见过老爷如此待客。只有罗时慧心里清楚,父亲是因为遇到傅抱石这样一位满腹经纶的青年人,年迈的心突然绽放光彩,这让做女儿的感到非常高兴。

几天之后,罗老先生设宴款待傅抱石,一来感谢他在罗家盖新屋时,给予的帮助;二来罗老先生希望儿女多学习国粹,只是学校课程太杂,他便想请傅抱石晚上为罗时慧和两个小儿子讲授古文。老先生准备了满满一桌的美味佳肴,并且特意从地窖里拿出一瓶白兰地。罗时慧一见父亲拿出这瓶酒,顿时满面绯红。

老先生年轻时,曾在上海梵王渡当区长。一日,圣约翰大学的英国校长丢失了一条名种小狗。平日里,校长夫人对这条狗十分宠爱,丢了之后,便难过得连饭也吃不下去。校长心疼妻子，特地为了这件事去找罗先生，希望能借他的力量，把狗找回来。本来只为了找一条狗，并不好由区长派人来处理，传出去也会被人笑话，但是碍于英国人的情面，罗先生只好尽力而为。幸运的是，没多久狗就找到了，罗先生还亲自把狗送到了校长家里。校长夫人看到小狗，又是抱又是亲，眼泪都流出来了。校长一家热情地招待了罗先生后，特意赠送他一瓶法兰西的名牌白兰地。紧接着，校长又亲笔写了一封感谢信，派人送到罗先生手中。在当年，洋人给中国人写感谢信，还是闻所未闻的。因此，这瓶酒对罗老先生来说，十分珍贵也十分有意义。

　　罗时慧曾经听父亲许下过一个心愿，哪年得子哪年开封这瓶酒。但是，前面两位公子出世的时候，罗老先生都在外地做官，所以开封的约定也就没能实现。今天，他竟要拿这瓶酒招待傅抱石，罗时慧猜想父亲是不是想把老师招为女婿，通常人们都说女婿等于半个儿子，弄得她心里七上八下，又有些不安又有些高兴。

　　因为要给罗时慧教授古文，傅抱石与时慧接触更加频繁了。课上到晚上九点，罗家为表示对老师的尊重，总要备些夜宵。时慧听说傅抱石爱吃肥肠，就叫人把原来准备的西点，换成红烧肥肠。那肥肠熬得干干的，成为一个个红枣形状的圆圈。两位小公子都咬不动，只有傅抱石嚼得津津有味。有时候，当听到街上传来小贩的叫卖声，傅老师也会跑出去买些馄饨、五香茶叶蛋，或者是肉丝炒饭等给罗时慧他们吃，师生的关系更为融洽，变得像亲人一样。

这时的罗时慧，也更多地看到了傅抱石心底最真实的一面。傅抱石搬到罗家新屋来住的时候，花了不少钱购置了一批新家具，好让母亲住得舒坦些。但是，罗时慧去他家玩的时候，看到厨房里仅有一个旧的矮柜，两个抽屉下面是双橱门，顶端木板大约有四寸厚，中间有条凹槽。她觉得好奇，问老师这是干什么用的。傅抱石这才一五一十地将自己曾经在棚户区长大，父亲靠修伞为生，母亲做手工活的故事说给她听。并告诉她，那件矮柜就是从前修伞的工作台。上面放着的锥型的铁锤、铁砧子，是砸挖耳勺用的；还有一把已经磨成新月形的弯刀，曾是卖甘蔗的工具。这些都是傅抱石特意保留下来的纪念品，用来时刻提醒他，一家人那么辛苦却顽强地努力着，才拥有了今天的好日子。唯有牢记这样的信念，才能在以后的人生中，不走弯路，奋发向上。

罗时慧不但没有因为两人家庭的悬殊而看低傅抱石，反倒对老师吐露敬慕之情。傅抱石悄悄告诉罗时慧，自己非要搬到罗府新屋来住的原因，除了条件符合，更因为这房子里有"她"。时慧会心一笑，一切尽在不言中。

然而，毕竟家境悬殊，又是师生关系，若想走到一起，傅抱石和罗时慧必须经受住来自四面八方的考验。首先，就是罗时慧的家里人。傅抱石忐忑不安地向时慧的生母李维屏说出了自己的想法，没想到这位女中豪杰因为自己的贫苦出身，反倒十分赞成女儿嫁给傅抱石。她深刻体会到在大户人家做"姨太太"的不幸，不仅低人一等，还会被正房和其他姨太太们欺凌。她常私下对时慧说，宁做小户人家的狗，不做大户人家的"小"。同时，她

◎ 傅抱石、罗时慧夫妇,摄于 1930 年。罗时慧出身南昌望族,毕业于南昌第一女子中学及武昌艺专

认为女儿找丈夫,不必担心门不当户不对,只要对她一心一意,又有真本领,将来才是最可信的依靠。

傅抱石终生不忘这位伟大母亲的包容与支持,在她的帮助下,罗老先生的那一关也顺利过了。老先生一直觉得傅抱石仪表不凡,加上这些日子的相处,他更加相信这位青年前途无量。虽然他也明白门户之间的差异始终是横亘在傅抱石和女儿之间的障碍,但是老先生为官多年,新思想也接受了不少,他觉得如今世风渐变,包办婚姻也不是光彩的事,女儿的事还是她自己决定的好。

于是,傅抱石和罗时慧在周围人的议论声中,毅然决然地订了婚。订婚方式也体现了两家人的开明,以新旧合璧的方式,一面办理订婚证书,一面两家又交换了龙凤喜帖,按老规矩,压在各自的祖宗牌位下。1930年正月,傅抱石二十六岁,罗时慧二十虚岁,两人举行了隆重的婚礼。罗家正堂、花厅、书房摆了二十来桌酒席,鞭炮声震耳欲聋,宾客中既有德高望重的前辈、江西省教育界和艺术界的名家,也有从棚户区和傅抱石老家新喻县章塘村来的穷亲戚。亲朋好友吃喝到夜阑人静,才渐渐散去。傅抱石心中的幸福感在他贴在大门口的大红对联中表露无遗,上面用苍劲的隶书写了八个二尺见方的大字:乾坤定矣,钟鼓乐之。

当初岳父大人曾特别对傅抱石说,他这个女儿除了是个人以外,什么也不会,要傅抱石用一生来照顾她。傅抱石没有食言,结婚之后一直在照顾罗时慧。后来,女儿傅益瑶在文章中写道:"如果不是抗战时到了重庆,母亲可能连饭也不会做。后来家里的事情虽然是母亲管,但有两件事一直是父亲帮母亲做的,一个是叠被子,一个就是帮母亲捶背。母亲总说父亲捶得好,像小锤子一样,力量恰到好处。母亲生病总是头疼吃药,父亲怕她乱吃,就定时定量拿药给她吃。母亲原来一点不会做饭,但后来父亲的饭菜全是母亲张罗的,即便家中有了保姆阿姨,母亲也会亲自下厨为父亲做饭做菜。"①

◎ 罗时慧与傅抱石母亲、生母李维屏及罗家兄妹等合影。左起第四人为罗时慧,第五人(坐者)为傅抱石母亲,右二为李维屏

罗时慧的腰病是在生傅益瑶的二姐时落下来的,傅益瑶的回忆文字中有具体的描述:"南京夏天特别闷热,我们全家在院

---

① 傅益瑶. 我的父亲傅抱石. 上海辞书出版社,2006年8月第1版。

子里乘凉,母亲常常穿一套半新不旧的黑绸衫裤,睡在小竹床上,父亲就坐在母亲身边,手里拍着扇子,两人一边说话,父亲一边帮母亲捶腰,往往捶至深夜,直到母亲睡熟。……二姐有多大,父亲就帮母亲捶了多少年……"①

傅抱石对罗时慧的关心,细腻到对她的情绪变化都体察入微。只要一出门,傅抱石就会给罗时慧写信。在日本留学期间,傅抱石几乎隔天就会写一封信给她。不管是多么芝麻绿豆的小事,哪怕新居的家具摆放,甚至于朋友相聚时每个人的座次都会告诉罗时慧。后来,在两万三千里旅行写生的途中,他也日日写信,竟然比同行的一位新婚的青年画家写的信还要多上三四倍,让别人既惊讶又羡慕。

傅抱石不管是出差或是出国,还有给夫人买衣服的习惯,并且只为罗时慧一个人买。有时候,对衣服的尺寸拿不定主意,他还会找与罗时慧身材相近的女售货员来试穿,直到试到感觉完全合适了才买。

傅抱石的次子傅二石说起父亲对母亲的细心,桩桩件件的往事都如在目前。傅抱石曾给自己立下一个规矩,就是不管身处何方,一定要给罗时慧做寿、买礼物,还要给她画一张画。在二石的记忆中,这个规矩从来也没有破过。而傅抱石所画的女性形象中,多有罗时慧的影子,由此也可以想见,他对夫人是多么的珍惜,多么欣赏,多么爱。

而罗时慧也给了傅抱石最大的支持和鼓励。傅抱石画大幅

---

① 傅益瑶.我的父亲傅抱石.上海辞书出版社,2006年8月第1版。

的画时,用墨特别多,有时候来不及磨墨,罗时慧就马上接手替他磨。因此,她常常戏称自己为"磨墨妇"。后来,家务也越做越熟练,她从当年傅抱石去她家做家庭教师时就记得他爱吃肥肠,后来傅抱石最喜欢吃的,也一直是罗时慧亲手做的炒肥肠和三杯鸡。

他们的一生好像有说不完的话。有一段时间,傅抱石为了方便作画而住在了楼上,罗时慧和孩子们住在楼下。每天清晨,罗时慧都要端着一杯茶去楼上看傅抱石,过了一会,傅抱石又将她送下来,可他们说着说着,罗时慧就又将傅抱石送上楼去了……这就是他们爱情最真实的写照吧。

三　良师与益友

◎ 傅抱石和南昌的朋友与徐悲鸿合影,摄于1931年。左一为徐悲鸿,左二为傅抱石

1931年,傅抱石遇到了一个改变他一生命运的人,这个人便是享誉画坛的绘画大师徐悲鸿。

这一年的7月,傅抱石在《民国日报》上读到了徐悲鸿来到南昌的消息。原来,徐悲鸿在法国巴黎期间认识了两位朋友陈寅恪、陈登恪,他们的父亲是中国著名诗人陈三立老先生。陈老先生住在庐山,邀请当时正担任南京国立中央大学艺术系主任的徐悲鸿来家里度暑假,同时也可以在庐山写生。徐悲鸿准备从上海先到南昌住几日,再上山。徐先生下榻在江西裕民银行大旅社,而银行行长是第一中学教务长廖季登的叔叔廖兴仁,他与徐先生早就认识了。傅抱石当年被辞退时,正是在廖季登的帮助下进入了第一中学教书,他对傅抱石十分看重,一直为傅抱石的怀才不遇而叹息。如今,与徐悲鸿来江西,廖季登觉得这是千载难逢的机会,便立即通过叔叔向徐先生推荐傅抱石,说他是江西省的艺术奇才,希望徐悲鸿能够给予一些指点。

廖季登先斩后奏,等事情确定后才敢告诉傅抱石。因此,当他命儿子赶去傅抱石家,告之徐悲鸿明日就要见他的喜讯时,他先是一愣,随即异常高兴地冲回房间。原来,他是要把自己的绘画和印章中的得意之作挑选出来,还将自己已经出版或者还没出版的学术论著都整理好,准备明天一起拿去向徐悲鸿请教。当时,傅抱石的《中国绘画变迁史纲》刚刚出版,为他赢得不少赞誉,这本书也是傅抱石对中国绘画发展历史的总结,是一部重要的学术专著。另外,傅抱石将《摹印学》的手稿也一并带上,可以同时从绘画和篆刻两方面跟徐悲鸿进行交流。

第二天一早,罗时慧就将傅抱石的长衫熨烫平整,又给他准备了新鞋、新帽,让他精神百倍地去见这位仰慕已久的大师。傅抱石在廖兴仁、廖季登叔侄俩的陪同下,一同前往裕民银行大旅社。当他们来到徐先生所住套房的门口时,都吃了一惊。由于徐悲鸿的名声太响亮,前来拜访的人非常多,竟站满了走廊和套房的外室。廖兴仁先生就先去打个头阵,径直进入内室。不一会儿,徐悲鸿竟然亲自出来迎接,这位早已驰名海内外的人物,以一种平等的姿态对待后起之秀,让傅抱石对他更增添了一份敬意。傅抱石主动上前握住徐悲鸿的手,发自肺腑地表达了对他的仰慕,同时诚恳地向他求教。廖兴仁先生也很自豪地说傅抱石是江西人的骄傲,从小靠着自学走上了艺术的道路,才华横溢且谦虚好学,希望徐悲鸿能够加以点拨,使其才华能够得到更大的发挥。

徐悲鸿虽然仅比傅抱石年长九岁,但是颇具大师气质。他穿着西裤、白皮鞋,白衬衣上还打着黑色绸缎面料的大领结。当时法国的绘画大师都喜欢这样的打扮,徐悲鸿游历丰富,耳闻目染,便也喜欢这样穿。同时,徐先生的言谈举止温和高雅,对人和善亲切。他非常仔细地观赏了傅抱石带来的每一幅画、每一枚印章和每一篇文章作品,看得津津有味,啧啧称奇。徐悲鸿没想到小小的南昌城里,竟然有这样的人才,而且其绘画笔法之沉稳大气,绝想不到这是出自一位二十七岁的青年之手。特别是画中的变化和灵性,创造出令人难以想象的气韵。

徐悲鸿是重视画品的,他从傅抱石的画中看出其独特的艺术气节。于是,他坐下来仔细询问傅抱石自学绘画的经过。傅抱石就将自己修伞家庭出生,由刻字摊引发篆刻兴趣,从裱画店初入绘画世界,并历经磨难,终于进入第一师范学习等离奇经历一一道出。徐悲鸿听得十分感动,不禁想起自己清贫的少年时代,这样一来,两人之间拉近了距离,便促膝长谈。徐悲鸿感到傅抱石能从贫苦之中,通过顽强奋斗,获得今天这样的成绩,的确难能可贵。同时傅抱石具有的这种艺术气节,如果能得到提携和帮助,必将指引着他走向一条光明大道。于是,徐悲鸿暗下决心,要当这个"伯乐"。

第二天是 1931 年 8 月 2 日,即夏历辛未年六月十九,观音菩萨成道日。这一天对傅抱石来说十分重要,因为徐悲鸿在他事先不知情的情况下,由廖兴仁叔侄陪同,亲赴灵应桥一百号的罗公馆,回访傅抱石。

这一天还是傅抱石的丈人罗鸿宾的六十大寿,罗府大门敞开,宾客来来往往,大厅中花香扑鼻。可是,却唯独不见傅抱石的身影,原来此刻他正趁着昨夜与徐悲鸿交流中所获得的灵感,在房中尽情挥毫泼墨。听到脚步声后,傅抱石一抬头,见是徐悲鸿,赶忙出来迎接,匆忙之中连手中的画笔都忘了搁下。罗时慧慧眼识人,当时也一眼看出是徐悲鸿驾到,便大方得体地向先生鞠躬致意。随后,罗时慧给客人们端上好茶,又按南昌的礼节,用木盘给每人端来一份特意为寿宴做的鸡丝线粉和小笼包子。

众人就着美味的点心,品着茶,聊着艺术,其乐融融。徐悲鸿提到今天路上烧香拜佛的人好像很多,傅抱石告诉他,今天是观音菩萨成道日,佑民寺每年都会在这个日子,举行盛大的庙会。同时,他还谈到佑民寺旁有座水观音亭,其中有位塑像工匠范师傅,此人的作品极其生动逼真,建议徐先生有时间可以去看一看。徐悲鸿对庙宇建筑向来有浓厚的兴趣,经傅抱石一提醒,便兴致勃发地邀大家当天前去游览一番。

一行人一路上谈笑风生,边走边聊。过了灵应桥后,不远处就是佑民寺了,为了细细地欣赏风景,他们就沿着湖边小道走。就在这时,骤然爆发一阵巨响,远处水观音亭所在的小岛上白光闪烁，半空中腾起一团团火球，四个人还没回过神来，就感觉脚下踏着的石头动了起来，一块悬空石板从中间裂开，把他们一齐甩倒在地上。幸运的是，石板下面是杂草丛生的浅沟，四个人虽然跌落沟中，弄得满身泥泞，但是并没有受伤。他们相互搀扶着站起来，迅速往罗府赶。回去的路上，见到房屋塌陷，电线杆横七竖八地倒下，周围还不断传来人们的哭喊声。

在这混乱的年代里，人们首先想到的便是打仗了。回到罗府，让人去打听消息，才知道事情的原委，国民党对井冈山根据地发动第三次围剿时，在寺庙中偷偷存放了一批武器弹药，这天，弹药被香烛引燃，引起了连环爆炸。幸好徐悲鸿一行人边走边看，行进的速度较慢，倘若早到一步，后果则不堪设想。当时庙中被炸死炸伤者数不胜数，很多人被埋在了倒塌的建筑里。

虽然突然的变故让宾主游览的兴致一扫而空，然而贵客的上门却让寿星罗鸿宾老先生倍感荣耀。女婿与徐悲鸿等人死里逃生，也算是不幸中的万幸。罗老先生来了兴致，便请众人到正厅上坐，开怀畅饮，一来为徐悲鸿洗尘，二来给众人压惊。徐悲鸿平日不沾酒水，但是当天格外高兴，破例连饮数杯。酒酣之际，傅抱石以昨夜所刻的一方"徐悲鸿"三字铜章相赠。

宴席散去之后，傅抱石又请大家到书房歇息，善解人意的罗时慧事先将傅抱石的画都挂在了墙上。徐悲鸿一边饮茶，一边观画，顿时兴致大增。他对前来献茶的罗时慧说，夫人一看便知是气质高雅之人，抱石获得如此成就，定有她的功劳。这次来南昌，有两件快事，一件是遇见了傅抱石这样的奇才，二件是得以认识时慧夫人。今天，想作画一幅，权当是初次见面的礼物。

罗时慧和傅抱石等人一听徐悲鸿愿意作画,喜出望外。摆开画纸、笔墨后,徐悲鸿卷起袖子,一气呵成,画出了一只大白鹅头顶朱砂,在青草地上引吭高歌的情景。画完之后,徐先生凝视着这幅画卷,啜一口清茶,沉思片刻,先在画面的右上方题了"嬉鹅图"三个字,并将与傅抱石相识和遇险的经历,用小楷写在画上。据当时住在傅抱石家的学生沈飞回忆,跋文中写道:"辛未初夏,薄游南昌,承抱石先生夜治铜印见贻,至深感荷。兹以拙制奉赠,即希哂纳留念,自愧不相抵也。悲鸿。"最后题款:"时慧夫人清正。辛未盛暑,悲鸿时客南昌。"下面用他随身携带的心形小印,盖上"悲"字。傅抱石和罗时慧看着都非常欢喜,立即将这幅画挂在书房的正中央。

第二天清早,有不少记者涌到傅抱石家中。他们是来拍摄徐悲鸿送给傅抱石的那幅《嬉鹅图》的。徐悲鸿在南昌城里的一举一动都备受关注,他昨日回访傅抱石的举动在各报记者看来,绝对是非同小可的事。傅抱石作为南昌艺术界的青年才俊受到徐悲鸿的赏识和提携,说明他的艺术前途无可估量,所以有的记者前一晚上就已经来过傅家。只可惜他们去得太急,没有带上镁粉闪光灯,夜间无法拍摄,今天特意赶早来补拍。

在记者们的要求下,罗时慧将画钉在木板上,拿到院子里,让他们借自然光拍摄。记者们不断按下快门,同时也不断地赞叹此画意境天成。拍着拍着,突然有位记者惊讶地喊了起来,他说:"真是神了!昨天的鹅明明没有蛋啊,今天怎么下了一个蛋呢?"傅抱石一听,也赶忙跑到院子里,果然看到画中鹅掌下,青草丛中半露着一枚硕大的鹅蛋。傅抱石与众位记者一样迷惑不解,难不成昨晚酒后看走眼了吗?可是,傅抱石和那位记者昨晚都没看到蛋,那么这蛋究竟是怎么回事呢?

这时候,只听罗时慧平静地说:"各位不必大惊小怪,古有张僧繇画龙点睛,破壁飞去;而今徐大师神手画鹅,昨日肚子里就有了,过了一夜,自然就生下了一个蛋嘛。"傅抱石听到罗时慧这么一说,似乎意识到什么,再将画打量一番,立即对夫人微微一笑。这边,罗时慧迎着傅抱石的眼神,也露出了孩子般得意的笑容,随即转身从屋里拿出另一张《嬉鹅图》,告诉记者们这张才是徐悲鸿的真迹,前一张只是自己昨晚临摹的。两张画放在阳光下一比,除了鹅蛋外,竟然看不出一点差别。记者们情不自禁地为傅抱石有这样一位画技高超且幽默风趣的夫人而鼓掌赞赏。

原来,昨夜傅抱石和廖兴仁、廖季登叔侄一起送徐悲鸿回旅社休息。四个大男人尽情吃喝、畅谈了一天,剩下罗时慧在家,她一时技痒,想到刚才徐悲鸿作画时忘我的情景,心中久久不能平静。于是,她回到书房,对着徐悲鸿的画临摹起来。画完之后,她那天生的顽皮性格又在作祟,便在草丛中画了一只鹅蛋,然后将墙上的徐悲鸿真迹调了包。

没想到,这一次调包非常成功,不但骗倒了记者们,甚至差点连傅抱石也给骗了,可见其绘画水平之高。这场小小的恶作剧,倒给罗时慧加分不少。记者们将这件事大肆渲染了一番,还说傅抱石夫妇两人是人间少见的神仙眷侣。从此往后,罗时慧的幽默名声也在艺术界不胫而走,甚至后来还有人戏称她为中国画家第一夫人,记者和画商们见到她都觉得高兴,并十分钦佩。

自从与傅抱石建立了亲密的友谊之后,徐悲鸿便建议他出国深造,以开阔眼界,吸收中外之所长。同时,徐悲鸿为了傅抱石,也放下身段,穿梭于南昌权贵之间,帮助他打通出国的渠道。其中,徐悲鸿要见的最重要的人便是当地实权人物、南昌行营参谋长熊式辉。熊式辉曾在蒋介石接见徐悲鸿的时候作为陪同人员出席,对大师有极深刻的印象。徐悲鸿便直抒来意,希望他能够让江西省官费派遣傅抱石去欧洲深造。徐悲鸿坦言傅抱石是他所见的全国青年艺术人才中的佼佼者,前途无量,若能给其深造机会,将来必能给江西省乃至国家带来荣耀。

熊式辉对徐悲鸿敬仰不说,对傅抱石的传闻也听过不少,再见徐大师这样全力推荐,心想他必然是难得的人才。只是熊式辉当时还不是地方长官,斟酌之后,便告诉徐悲鸿在江西还没有派艺术科学生去国外深造的先例,但是自己必会鼎力相助,答应与有关方面进行商议后,再给他答复。同时,熊式辉想请徐悲鸿为他画一幅奔马。徐悲鸿觉得熊式辉既然要画,那么事情就十有八九能成。为了傅抱石的未来,徐悲鸿即兴挥毫,画了一幅《奔马图》送上。

熊式辉得偿所愿,为傅抱石出国的事情确实也尽力协调。他请来教育厅厅长等人商议,大家都认为,以徐悲鸿的声誉,肯帮助江西省提拔人才是件美事。可是教育厅没有这样的先例,更没有专项经费可以供傅抱石出国,一旦要开了头,怕以后这种事情会层出不穷,所以最后还是将以官费派遣傅抱石出国的方案给否定了。不过,熊式辉是个讲信用的人,决定自己拿出一千块大洋，一来作为徐悲鸿作《奔马图》的酬金，二来可供傅抱石出国读书，此举两全其美。

徐悲鸿得到熊式辉的答复后，赶紧将好消息告知傅抱石。傅抱石听闻徐悲鸿是以《奔马图》换来熊式辉的大力支持，对徐先生的恩情感铭在心，他先后为徐悲鸿刻了四方印章相赠，又为熊式辉刻了一方鸡血石白文"熊式辉"印章，再刻了一方铜印朱文仿秦玺"天翼"（熊式辉号）印章，最后刻了一方四厘米见方的铜章，汉白文略似赵㧑叔的回文"熊式辉印"。

看到精美巧妙的印章，熊式辉更对傅抱石的才华有了进一步的了解。后来，熊式辉当上了江西省政府的主席，他在 1931 年 12 月期间赴南京时探望了傅抱石，并提出请其随自己回到江西担任县长。傅抱石婉言谢绝了他，还将一方阳文朱栏"不求闻达"四字的印章，郑重地赠送给熊式辉。这方印只有三点一厘米长、二点八厘米宽，高六点一厘米，在如此狭小的平面中，竟然刻了总共六百三十四个字的《前出师表》全文。这方印一侧上刻款曰："此武侯出师表印，癸酉冬旅日时所作，乙亥五月曾展观于东京，为感主席伏值之德，谨献是石，小技恶劣，不足报万一也。"傅抱石借这方印，向熊式辉表达了自己不贪图权贵，一心只想献身艺术的决心。熊式辉见到如此绝世好印，心中既惊叹又感到遗憾，为傅抱石难能可贵的艺术品质所深深打动。这是后话了。

常言道好事多磨，傅抱石出国留学的事情也是一波三折。主要还是费用问题，熊式辉资助了一千大洋，在当时，这是一笔巨款，够买一栋洋房，但还是不能解决出国留学的全部费用。只好再去设法筹措。

　　傅抱石有兼任国民党江西省党部宣传科摄影记者的经历，这让他认识了一些省党部的委员，这些委员们对傅抱石的篆刻技艺非常欣赏，尤其是他那一手在印章上精刻小字的绝技实在令人叹服。于是，有人建议傅抱石，何不为陈果夫、陈立夫兄弟各刻一方印，再由几位委员带去南京，赠送给时任中央组织部正副部长的兄弟二人，请他们支持留学呢？傅抱石抱着一试的想法，依照朋友的建议，刻了"陈果夫"、"陈立夫"两方印，又刻了一方《金刚经》全文的印章，连同南昌中学校长陈际唐亲笔写的推荐信，由几位委员带去给陈氏兄弟。陈立夫看后，果然喜欢，尤其是那方《金刚经》印章，上面的小字用肉眼只能看到如星辰般的白点，在放大镜下才显出庐山真面目，其鬼斧神工般的刻字手法，将普通的印章变成了一件神奇的艺术品。陈立夫满意地

◎ 罗时慧与傅抱石母亲及儿子小石

将印章留下，并资助了五百块大洋，作为傅抱石出国深造的支持。

　　傅抱石前后筹集到两笔一共一千五百元的出国费用，但其后为经费奔走的一年中，他再无所获。徐悲鸿最初为傅抱石设计的留学计划是去法国，那里堪称世界艺术的宝库，对傅抱石会有很大的启发，同时借助徐悲鸿在法国的关系，可以较为方便地帮助傅抱石解决各方面的困难。但考虑到目前的经费还不足以让傅抱石去法国，徐悲鸿便建议他去日本。徐悲鸿早年也曾游学日本，对那里也比较了解。日本文化与中国文化有密切的关联，日本学者对中国文化艺术的研究从未间断，明治维新后，日本大量接受了西方的新文化思想，形成了东西方文化融合发展的态势，这一切对傅抱石当也有所裨益。傅抱石接受了徐悲鸿的建议，经熊式辉从中协调，江西省以派他赴日考察改良瓷器的名义出国。傅抱石本人也准备好，到达日本后便进入东京帝国美术学校研究部，攻读东方美术史，兼习工艺和雕塑。

　　就在熊式辉为傅抱石协调出国事宜的过程中，那些当年围攻傅抱石，企图将他赶出江西教育界的人又开始蠢蠢欲动了。某些人出于对傅抱石才华的嫉妒，不满他到处受人赏识，也为了报上次在教育厅长那里吃亏的一箭之仇，这次便借机在熊式辉那里煽风点火。他们拿小报上的文章给熊式辉看，捕风捉影地指责徐悲鸿的《奔马图》画的是一匹跛足的马，是借以讽刺熊式辉因飞机失事而受伤的跛足。熊式辉本不相信徐悲鸿这样的大师会用画来侮辱自己，但是，他到底禁不住这些人添油加醋的说辞，心中难免有些不快。幸好，秘书及时站出来，告诫熊式辉千万不要听信小人的逸言,奔马就应当左右腿前后交错才可奔腾,他们搬弄是非分明是嫉妒傅抱石,想破坏熊将军与徐、傅两人的关系。熊式辉觉得秘书的话言之有理,这才安下心来,继续为傅抱石的事出力。这位秘书是第一中学校长的好友,他对傅抱石也很欣赏,自然不想让居心叵测者坏了抱石的前程。后来,他把这件事告诉傅抱石,并说真正在熊式辉心中起到关键作用的,还是徐悲鸿。徐大师一直写信给熊将军,信中围绕的始终都是傅抱石出国的事情,正是他的坚持,获得了熊式辉的信任。

1933年3月下旬,傅抱石由于思念家人,同时也因为经济紧张,从日本回国筹款时,徐悲鸿仍然向他伸出了援手。当时,徐悲鸿还在欧洲,却在临走前交代国立中央大学艺术科的相关负责人,将傅抱石聘为讲师。后来傅抱石得到了陈立夫的帮助,陈亲自写信督促江西省主席熊式辉想办法送这位杰出人才回日本继续深造,傅抱石才得到官方资助的一千元经费。徐悲鸿请傅抱石做讲师的安排,也解决了他的后顾之忧。

◎ 留日时期的傅抱石

傅抱石学成回国后,徐悲鸿聘请他到中央大学执教。抗战胜利后,傅抱石全家于1946年底回到南京,就住在中央大学的平房里。年末,就与徐悲鸿等人一同举办了绘画联展。1947年,傅抱石还在上海开了一个规模惊人的个人画展，反响热烈，画卖出去不少，得到了一笔不小的收入。在徐悲鸿的夫人蒋碧薇女士的建议下，傅抱石最终选择与徐大师为邻，买下了徐家西边的一亩地，盖起了一座假三层的西式小楼。徐悲鸿的住所是傅厚岗4号，傅抱石则为傅厚岗6号。经历了半个多世纪的风风雨雨，这两个比邻的院落至今还完好地坐落在傅厚岗，见证着两位大师的密切关系和真挚的友谊。

徐悲鸿对傅抱石有知遇之恩，傅抱石当然铭记在心，然而，傅抱石却与徐悲鸿的学生们不太一样。徐先生对人一向热情诚恳，因此也提携了很多学生，徐悲鸿对他们的才华称赞有加，而学生们对徐先生也是感激不尽，写了很多文章赞扬他。徐悲鸿与傅抱石之间的相互评价却几乎没有。于是，有很多学者深入探究二人的关系，大多认为从壬午画展能看出一些蛛丝马迹。据当年在重庆国立艺专任教的常任侠先生回忆，傅抱石曾十分慎重地请他转告刚从南洋回国的徐悲鸿，说自己想从中国美术史改教中国画。但是，时任中央大学艺术系主任的徐悲鸿却回复说："抱石先生的课不是教得蛮好嘛，为啥要改课呢？"以此委婉地拒绝了傅抱石的请求。常任侠先生见傅抱石心中不是滋味，就建议他办一次画展，让外界看看他的绘画才华，或许能够令徐悲鸿改变主意。于是，傅抱石办了一次画展，即"壬午画展"。

徐悲鸿和傅抱石的友情毋庸置疑，但是为何徐悲鸿不愿让傅抱石教国画呢？有些学者认为，两位艺术大师的艺术原则有截然不同的区别。徐悲鸿的艺术道路深受西方思想的影响，他强调批判传统,强调打破中国传统绘画的束缚,在作画上提倡极端的写实主义,认为除写实外"其他概可称投机主义"。然而,傅抱石却从青少年时代就开始认真钻研古代画史、画论,对博大精深的中国绘画艺术有着发自内心的崇敬,他也强调创新,追求新变,但他容不下对中国绘画精神的否定。他的画以"写意"为灵魂,主张"以情入画"。所以,徐悲鸿与傅抱石在艺术观念上形成了分歧,由于两个人对自己的艺术主张都十分坚持,所以分歧就一直难于弥合。

不过,艺术观念上的分歧并未伤害彼此的友情,也并未影响他们彼此的欣赏。对于傅抱石的绘画,徐悲鸿还是在不少为其作品的题词中,给予了极高的肯定。1942年他为《大涤草堂图》题了"元气淋漓,真宰上诉。八大山人大涤草堂图未见于世,吾知其必难有加乎此也。悲鸿欢喜赞叹题,壬午之秋"。两位大师珠联璧合的合作,给这幅画涂上了传奇的色彩。后来,这幅画被国家邮政局印成了邮票,成为了国家的"名片"。1944年,徐悲鸿为《丽人行》题曰:"此乃声色灵肉之大交响。抱石先生近作愈恣肆奔放,浑茫浩瀚,造景亦变化无极,人物尤文理密察,所谓炉火纯青者非耶?余前尝作画中九友诗咏之云:'门户荆关已尽摧,风云雷雨靖尘埃。问渠那得清如许?魄力都从大胆来。'三十四年晚秋,悲鸿观,因题。"尤其,徐悲鸿对傅抱石"巨星"的评价更为深入人心,他说:"抱石更能以近代画上应用大块面积,分配画面。于是三百年来谨小慎微之山水,突出其侏儒之态,而不敢再僭位于庙堂。此诚金圣叹所举不亦快哉之一也……大千君璧之外,又现一巨星,非盛世将至之征乎?"

1945年7月徐悲鸿五十岁生日时,傅抱石将事先画好的大幅《仰高山图》送上,并在画上写道:"民国三十四年七月五日,为悲鸿先生五十大庆,陪都友好于先一日称觞于沙坪坝对江之盘溪中国美术学院。先生握时代,负高艺,倾精力于无限。方之近代,明之白石翁与衡山,清之香光与烟客,其承启之功未足拟也。抱石不才,识先生于滕王阁畔,十数年来,除艺与道外,无它论议。烽火十载,逢先生揽揆之辰,艺运将转,先生之为举世瞻仰者何如也。谨呈此为寿,六月廿九日重庆西郊金刚坡下山斋并记,新喻傅抱石。"这段话凝聚了傅抱石对这位良师益友的尊崇之情。

由此页可见,艺术创作上的不同道路并不影响两位大师追求中国美术精神的共同信念。他们的艺术观念有分歧,但他们各自的坚持,对于中国现代绘画的发展,起到了殊途同归的效果。

（四）	**正名:为中国美术**

1932年初夏,傅抱石来到了古城南京,准备办理相关的出国手续。这时候,徐悲鸿正在南京,为第二年初去巴黎举办的"中国近代画家画展"紧张筹备中。因此,傅抱石得以经常去请教徐

先生,并在他的引荐下,认识了教育部和外交部的相关人士,为留学日本打下了一些人脉基础。傅抱石的旧交罗时实和学生梁邦楚等也在这里,漫长的等待期也就不那么寂寞。傅抱石常以画画作为消遣,创作了《水木清华之居》等作品。

傅抱石从小穿的都是蓝布长袍,对于一个留日学生来说,这样的打扮有些不合时宜。为此,他到南京中山路一家有名的服装店,特别定做了两套三件式的西服,又买了一件黑呢宽领大衣,一双皮鞋,白衬衣,黑领带。换上新装之后,傅抱石精神抖擞地来到玄武湖畔,点上一支卷烟,沿着长堤漫步。他在思考去异国他乡的生活,艺术的方向与前景的问题,心里既充满期待,也不免有些惶惑,甚至对自己的选择产生了片刻的怀疑,不过,他很快就坚定了信心。

9月,傅抱石乘火车到达上海,并在朋友们的陪伴下来到十六铺码头,乘上了日本邮轮前往东京。在低沉的汽笛声中,轮船缓缓开动。傅抱石从二等舱的舷窗向外望去,能看到江岸上英国人树立的"和平女神"铜像。这座铜像虽名为和平,实际上却是列强侵略中国的象征。黄浦江上游弋着一艘艘灰色的军舰,有的挂着米字旗,有的挂着星条旗,还有三色旗和太阳旗,唯独不见中国旗。傅抱石研究过中国源远流长的美术史,在其华丽的艺术外壳下,也包含着鸦片战争以来的屈辱史,更有一年前"九·一八"事变后,日本侵略我东三省的血泪史。这些都让傅抱石心绪难平,他将要到达的国度是敌国,但他的目的却是为了促进中国美术的发展。傅抱石越想越意识到,除了个人的前途,他此行还肩负着将中华民族艺术发扬光大的重任。

经过一个多星期的航行,傅抱石抵达东京。刚踏上日本的土地,便发生了一件小事,使他改变了对日本民众的印象。由于轮船抵港时间不确定,傅抱石到达后没有人来接,他在同大使馆联系后,被告知要自行雇出租车去大使馆。于是,不会讲日语的傅抱石便将一张写有大使馆地址的纸条拿给出租车司机看。可是,这位冒失的司机还没等傅抱石将行李拿上车,就发动汽车出发了。傅抱石叫他停车,可对方听不明白,反倒以为让他加快速度,一路加油赶到了大使馆。傅抱石急坏了,钱和证件都在行李中,初来乍到,要是这些全弄丢了,那可怎么得了。傅抱石在大使馆人员的陪同下回到码头时,让他惊讶不已的是,他的行李箱完好无损地放在原地,只是旁边多了一名警察。原来是行人担心箱子的主人回来找不到,才委托当值的警察守在一旁。从大地震的废墟上刚刚重建起来的东京,虽然没有上海外滩的繁华,但是老百姓淳朴且诚实,完全不像军国主义分子那样疯狂,这让傅抱石放松了很多。

傅抱石到东京之后,暂时住在罗时慧的好姐妹邵德珍的嫂子张如水家。罗时慧的这位姐妹就是在日本出生的,父亲是日本留学生,时任景德镇县长。由于家庭条件优越,又经常出入社交场合,见了不少世面,这位邵小姐性格豪放、口齿伶俐。当年,罗时慧跟傅抱石订婚时,正是邵德珍觉得他们门不当户不对,竟从日本赶回来,以与时慧断绝来往为要挟,让她放弃这段婚姻。在时慧与抱石结合后,邵小姐经常到时慧家与傅抱石对饮,交谈中逐渐加深了对傅抱石的才智的了解,由了解而感到钦慕,态度来了个一百八十度的大转弯,她偷偷跟罗时慧说,自己也喜欢上了傅抱石,如果不是晚了一步,真想把傅抱石抢过来。傅抱石在南京办理出国手续的时间里,邵德珍经常跟其书信往来,为此还引发了罗时慧对傅抱石的一点误会。然而,傅抱石心中唯有罗时慧,只好辜负了邵小姐的一番美意。傅抱石来到日本后,再见到邵德珍,特别注意与其保持距离,不过还是受到邵小姐的不少帮助。邵德珍的嫂子张如水又名漪波,母亲是日本人,罗时慧亲切地称呼漪波为嫂嫂,她对时慧比对小姑子德珍还好。因此当傅抱石来到东京后,漪波也尽其所能地在生活上给予了帮助。

傅抱石留学日本的重要任务之一是替江西省考察日本陶瓷,他将考察内容和学习计划向大使馆的一位参赞作了一番汇报。交谈中,参赞得知其一千五百元的出国经费,除去安家、旅费等支出,已经所剩无几,便提出可以让傅抱石来驻日留学生监督处兼职当一名秘书。这份工作只需每天工作半天,薪金虽少,每月也有六十元的收入,足够解决生活费的问题,傅抱石接受了。由于傅抱石的文才和书法水平都极高,这份工作被他做得十分出彩,以至于后来大使馆的重要公文都需要他加以润色,傅抱石的名字也被越来越多的驻日留学生所熟知。

解决了日常生活的后顾之忧,傅抱石很快进入了工作状态,对日本的陶瓷工艺展开研究。他几乎每天都要乘公共汽车往返于东京市区和郊区之间,这里的美术馆、博物馆、图书馆和美术院校,到处都留下了他的足迹。同时,他也不放过任何关于工艺美术之类的讲座。等他渐渐对东京熟悉起来之后,他发现在距离上野图书馆不远处，有一家名叫"文求堂"的书店，专营中国古籍，这令傅抱石非常惊喜。有趣的是，从那开始，傅抱石陆续发现了很多古玩店、旧货摊，对他的研究大有帮助。卖旧书、古玩和工艺品的货摊的经营时间正好与傅抱石兼职的时间错开，每当华灯初上，傅抱石忙完了工作，这些小摊小贩也在东京的夜市中出现了。在别人眼里毫不起眼的货摊，成了傅抱石每晚流连忘返的宝地。

经过全面细致的调查研究，加上从民众的日常生活入手，傅抱石很快掌握了日本美术工艺的特点。他觉得日本工艺美术往往突出一个"巧"字，比如一件蓝色玻璃有棱角的圆形烟灰缸，设计者竟然想到在边缘嵌上两枚铜制烟蒂托，艺术取向和实际用途完全吻合，顿时给这样一个简单的小物件增添了灵气。如果说日本的工艺风格像涓涓的溪流，那么中华工艺就如奔腾的潮涌，雕龙画凤的华贵器皿将大气华贵演绎到极致，但是却也欠缺一些奇思妙想，创新精神明显不足。

在考察和研究过程中，傅抱石还注意到日本非常重视工艺品的制造技术和生产效率的提高。他们大量使用印刷花纹图案的胶纸，将纸的正面覆盖于瓷器的坯体上，再烧制定型。这样一来，无论多么复杂的装饰图都可以一次性完成，比我国的纯手工描绘的方法既节省了人力又大大提高了效率。更重要的是，日本陶瓷工艺不断寻求创新。傅抱石到日本后的第二年，由日本陶瓷生产中心研发的"陶瓷器曲面印刷机"宣告成功，且立即就在名古屋的一家工场开始试用。傅抱石按照报纸上刊登的地址，找到那家工场，以中国艺术家的身份与各地专家、记者们一道进行现场参观。仅仅三个工人就可以操作的这架印刷机,进料、出料等几乎都可以自动完成。根据物品的不同形状,只需要稍稍设置,竟可以将事先画好的图案花纹,完整地印到任意曲面上。这次经历,让傅抱石大开眼界。试想一下,中国艺人要花上多少个日夜才能绘制而成的图案,日本人通过几个按键就能轻松地印刷出来,这种效率的对比多么强烈!正是技术的革新,促进了生产力的飞跃,大大减低了日本工艺品生产的成本,提升了日本产品的竞争力,在国际市场上,把价格昂贵又缺少创新的中国瓷器逼得只能在夹缝中求生存。

比起技术上的落后,更让傅抱石担忧的,还是中国对于青少年艺术人才的培养和教育的欠缺。他发现,无论在东京的大商店还是地摊小贩上出售的陶瓷制品,几乎找不到重样的。这足以说明,工艺品制作者普遍技术水平较高,同时他们不喜欢重复别人的作品,具有极其独立的艺术创作观。另一方面,也体现出购买者的审美能力很强,这也对工艺品的创新提出了更高的要求。傅抱石立即意识到,这与日本重视艺术教育是密不可分的。通过调查,他发现仅在东京,就有专门培养工艺美术人才的高等工艺学校、府立工艺学校和京都高等工艺学校,另外在美术学校中还设有专门的工艺科等,体现了日本在艺术人才的培养上下足了功夫。他想到在中国,社会普遍认为学艺术不能成为职业,很难养家糊口,所以普通家庭不愿意让孩子学,富家子弟也只为附庸风雅,又学不到真本领,造成工艺美术教育发展缓慢。而今,日本人把中华的瑰宝都吸收进去,并大力培养新生力量,中国工艺美术的前景令人担忧。

傅抱石怀着强烈的民族意识,把他搜集到的大量资料和所见、所闻、所感加以整理,系统分析,给江西省政府写了一份详细的报告。他在报告中说:"如若干物品,国货尚未制造,又如国货既有矣,但外国货式样美丽,甚感价格反较廉贱。""吾人不从纯工艺教育之途,求其挽救之道,则将来前途不堪设想。""弥觉今日之一切责任,皆在吾辈,而吾辈有生之日,应如何努力乎!"这篇报告凝聚着傅抱石深切的责任感、拳拳爱国心和对中华工艺美术的未来进行的深刻思考,该文1935年在《日本评论》杂志第六卷第四期上发表,题目为"日本工艺美术之几点报告"。

旅日期间,傅抱石结识了著名学者郭沫若先生。沫若先生早年留学日本,后来参加了北伐战争,在中日两国均有很高威望。后来大革命失败,他只得流亡海外。当时,他已与日本女子安娜结婚,虽然表面上在真间山下过着平静的生活,但内心深处却无时无刻不挂念着祖国的命运。

介绍傅抱石结识郭沫若先生的,是当年曾对傅抱石关心备至的江西省教育厅厅长朱念祖的儿子洁夫。洁夫比傅抱石先到日本,傅抱石在留学生监督处兼职时二人碰了面。这位朱公子仪表堂堂,风度翩翩,就读于东京早稻田大学政治经济系。他作为世家子,却全无纨绔子弟的毛病,性格开朗,交游广泛。他和傅抱石早在江西就认识,如今他乡重逢,彼此都感到十分亲切。洁夫认识不少在东京的中国人,其中就包括郭沫若先生。当时正逢春节期间,洁夫便主动提出带傅抱石拜访郭沫若先生。傅抱石早就读过先生的诗集《女神》和他翻译的《少年维特之烦恼》，对他十分景仰。

　　洁夫首先给郭沫若写了一封信，将傅抱石介绍了一番，隔天就收到了先生回复的一张明信片，写明了约见的时间。郭沫若住在千叶县市川镇真间区，所住木屋的门口挂着"佐藤"二字的木牌，这是妻子安娜的姓，这样写也是为了不引人注意。迎接傅抱石的是一位身穿和服、步履稳健、笑容满面的中年男人。他从洁夫那里得知傅抱石是位博学多才的艺术家，本就十分高兴，又看到傅抱石带来的印稿和书画作品，其间充盈着中国传统文化的神髓，正好应和了郭沫若心中的那份民族情结。二人同属龙，只是郭沫若比傅抱石大十二岁。二龙聚首，一见如故，从此结下了毕生的友谊。

　　傅抱石带来的画中有一幅《笼鸡图》，用淡墨画了竹笼，浓墨画的黑色母鸡带着三只雏鸡，看得郭沫若爱不释手。他吟诵了不久前作的一首诗："笼中一天地，天地一鸡笼。饮啄随吾分，和调赖此躬。高飞何足羡，巧语徒兴戎。默默还默默，幽期与道通。"诗情与画意多所吻合，先生意犹未尽，又领着傅抱石和洁夫向不远处的真间山走去。那里春天是一望无际的花海，冬天有茂密的松林，站在山上，可将江户川尽收眼底。有国不能回的沫若先生，闲时常来此漫步，排遣忧国思乡之情。傅抱石看出郭沫若心中的愁绪，两个漂泊他国的知识分子，心底产生了深深的共鸣。于是，傅抱石便建议郭沫若先生把诗题在《笼鸡图》上，以纪念他们这份在异国他乡共有的情怀。

　　1933年春节过后，傅抱石回国，一方面是探亲，一方面为了筹集下一步深造的学费。回到日本,傅抱石将重点集中到日本绘画的研究上。他出入于东京各家美术馆、博物馆、寺庙和大学之间,忽然注意到其中有很多来自我国汉代、魏晋南北朝、唐、五代、宋等不同时期的绘画作品。其间,他看到了宋徽宗的《五色鹦鹉图》,李龙眠的《阿罗汉像》、董源的《云壑松风图》、石恪的《二祖调心图》、梁楷的《六祖图》、巨然的《归棹图》、米芾的《云山图》、马远的《高士看月图》等,面对这些艺术珍品,傅抱石的心中隐隐作痛。因为这些古画真迹都是在中国绘画史上有明确记载的精品,它们的价值不单在于其艺术成就,还在于对中华民族的重要意义。更可恨的是,傅抱石还见到了于1900年到1908年间,被日本人太谷光瑞盗去的稀世之作《树下美人图》。傅抱石痛苦地思索,如果一个国家连世代流传下来的艺术瑰宝也保护不了,那么这个民族的艺术传统还如何发扬下去?于是,傅抱石在文章中大声疾呼:"我们后人,应该不惜生命去维护!"

傅抱石经研究发现,日本绘画虽与建筑一样发源自中国,但是传入的时间较晚。大约在12至14世纪,日本镰仓时代,中国宋元时期的文化逐渐传入日本,同时水墨画也在日本国内兴起。之前,日本的绘画还以形式主义的"大和绘"为主,忽视了绘画在艺术性上的探索。水墨画为日本画坛带来了勃勃生机,涌现出了许多著名的画家,他们对中国画的追逐主要以学习和模仿为主。以被日本画坛称为"千古一人"和"古今之画圣"的雪舟等杨为例,他从15世纪跟随遣唐使来到中国游学,专心研究中国历代名家的真迹,人物宗唐吴道子、宋梁楷,山水画则钟爱南宋山水画家马远、夏圭等的作品。他的画清淡悠远,绘画水平与同时期的中国画家并驾齐驱。可是,雪舟只是在用中国画的画法在画中国画,没有为日本画的发展开创出新的风格。因此,日本画实际上仍然是传统中国画的基调。到了20世纪,日本画又加入了西洋画的元素,风格也随之有所改变,形成了题材多样和画法多变的特点。然而,日本画家醉心于画屏风,大多数作品与装饰画没有两样,线条呆板,色彩庸俗。因此,傅抱石决定在有选择地吸收日本画的表现方式之外,将主要精力放在美术理论的研究上。

傅抱石白天工作,利用晚上的时间阅读了大量的美术史论的专著和文章。他认为有价值的,就自己翻译成汉文。通过研究,傅抱石很快就发现日本的美术研究的气氛虽浓郁,其中有大量的精品著作,却还是存在不少荒谬的言论。

有一位来自东方文化学院京都研究所的专任研究员伊势专一郎,于1933年12月出版了一本名为"自顾恺之至荆浩——支那山水画史"的书。这本书还是《以宋元为中心之中国绘画史》学术专题报告的一个重要组成部分。东方文化学院是日本研究中国文化的最高学府,傅抱石看到这本书时,发现它被很多日本学者推崇为研究中国文化的代表性著作,被讽为"划时代之著述",而伊势专一郎本人也广受吹捧。傅抱石很快就发现这本书很不对头。首先,书中居然把顾恺之当做山水画之祖,更荒谬的是将其名作《女史箴图》说成"中国山水画之发端"。顾恺之是中国美术界公认的人物画家,而且东晋时期还没有独立存在的山水画,这些都是有事实根据的。一个所谓研究中华文化的专家竟将一幅世人皆知的古代人物画说成是山水画,之后又擅自将董其昌论述中"自唐始分"的中国山水画南北宗，篡改为"自宋始分"；其中又对用中国古文写成的记录和评论进行了完全不负责任的解释。这些已经让傅抱石非常反感了。京都帝国大学文学部长兼京都研究所导师内藤虎博士还在书卷首页的题诗中写道："院体士夫宗派分，近时陈董亦纷纷，谁知三百年余后，一扫群言独有君！"这样拙劣甚至缺乏常识的文章也敢与明代的陈继儒、董其昌两位大家相比较，更狂妄地称之"一扫群言独有君"，不但是自不量力，更是对中国美术家的侮辱。这强烈地激发了傅抱石的民族自尊心，他抱定心意，一定要与这帮伪学者们争论到底，为中国美术正名。

　　傅抱石虽然急切地想将伊势专一郎之流好好批驳一番，但是他想自己一旦发出声音，代表的就不只是自己，而是整个中华美术的荣誉。为了稳妥起见，他在行动前，先带着那本书和自己搜集的相关资料，前去拜访郭沫若先生，听听他的意见。

　　傅抱石二赴日本后，就经常与郭沫若见面，他们从艺术理论谈到国内外的时局，很有一些默契。郭先生喜爱傅抱石的印，傅抱石就专为他刻了一款"沫若著述"四字白文的精美铜印，令他爱不释手，一直带在身边。郭沫若看了伊势专一郎那篇荒唐的文章后，完全赞同傅抱石的想法，支持他尽快写一篇文章澄清相关的历史问题，以免更多人受蒙蔽。于是，郭沫若和傅抱石一道，将顾恺之的《画云台山记》逐字逐句解释，并与伊势专一郎书中的释文仔细比较，将其错误一一更正过来。傅抱石得到郭沫若先生的帮助，心中豁然开朗，回去之后便一鼓作气，用日文写了篇《论顾恺之至荆浩之山水画史问题》。

傅抱石将文章投给了日本当地的杂志社,估计是杂志社为了维护本国学者的面子,又怕引起风波,所以当时没有发表。傅抱石就将中文稿寄回国内,在1935年10月10日的上海《东方杂志》上刊登了出来。1935年5月,日文稿终于在日本《美之国》

◎ 傅抱石留日时期的老师金原省吾与夫人

杂志登载。日本文化界一片哗然,自此,论及中国文化时谨慎了很多。傅抱石再接再厉,继续对相关问题进行研究,在1940年2月完成了《晋顾恺之画云台山记之研究》,最终写成《中国古代山水画史的研究》一书。由于对顾恺之研究得十分透彻,傅抱石将胸中的感悟以一幅《云台山图》抒发出来。郭沫若看后,心情激动,赞赏不已。虽然顾恺之的画早已失传,但是傅抱石从研究中得到了启发,能将其意境充分地表达出来,与郭沫若心中的画卷不谋而合。郭沫若即兴在画上题了四首七绝,以回应当年内藤虎的题诗,其中"笑他伊势徒夸斗,无视乃因视力无。""糊涂一塌再三塌,谁把群言独扫来?"的诗句,痛痛快快地为中国美术出了一口恶气。

在傅抱石的绘画生涯中,郭沫若先生作为他最敬重的知己,也是为他的画题诗最多的一人,现今能够找到的就有三四十首之多。郭沫若是傅抱石很多重要作品的最初欣赏者,也是他关于艺术精神和理想的倾听者和同路人。傅抱石也为郭沫若画了许多传世之作,他坚决支持先生唤起国民的抗争意志和挽救民族危亡的事业。在郭沫若创作话剧《屈原》后,傅抱石与他一同研究屈原精神,多次绘画屈原像,并创作了一系列以屈原的诗歌为主题的作品。正如傅抱石在《陈老莲〈水浒叶子〉序》中所说:"心仪其人,凝而成像,所谓得之于心,然后形之于笔……"他的画中充满了对屈子的敬重及对战乱的愤慨。

 名扬海外

旅日期间,傅抱石在研究美术理论的过程中,读到了金原省吾著的《唐宋之绘画》和《东洋美术论》,并将自己所作的《中国绘画变迁史纲》与金原省吾花了七年时间撰写的《支那上代画论研究》做过一番细致的对比。他认为金原省吾先生与日本其他伪学者不同,其对中国自东晋到南朝末期的美术研究具有很大贡献,是一位值得学习的真正学者。

为表示对金原省吾先生的敬意,傅抱石在第二次留学日本之前,从家乡南昌就给他寄过一封信。关于这封信,有一段有趣的掌故:傅抱石出于画家题画喜欢用古名的习惯,在东京作画时爱题上"写于江户"几个字。于是,在给金原的信封上写了"日本江户金原省吾先生收",没想到这封地址不详的信竟然顺利寄到了,由此可见,金原省吾先生在日本的知名度是非常之高的。后来,在20世纪60年代初,也有一位外国友人写信表达对傅抱石的崇敬之情,那人也不清楚傅抱石的收信地址,只在信封上写了"中华人民共和国傅抱石先生收",这封信漂洋过海,最终亦投到了傅抱石的手上。

金原省吾先生是早稻田大学博士,日本帝国美术学校(今日本武藏野美术大学前身)的创办人之一,时任学校教务长。他既学习过日本文学,又师从过著名画家平福百惠,学习绘画,他对东方美术进行了长期而深入的研究,其研究著作有十余部之多。1934年3月上旬,傅抱石正式向金原省吾先生提交了入学申请,表达了想要报考金原先生任教的帝国美术学校研究部,师从金原先生攻读东洋画论和东方美术史,同时还想跟中山纪元先生学油画的想法。

傅抱石打听到金原省吾的住所就在武藏野美术学校附近的西荻洼,发现金原先生的家距自己住的地方不远,就决定登门拜访。傅抱石原以为这样一位大学者的寓所必定十分豪华,没想到,只是一间十分简陋的普通木屋。一位衣着朴素的中年妇女坐在门口摆放的缝纫机前,忙碌地缝补着衣物。傅抱石一问,方才知道眼前的中年妇女就是金原夫人。后来，傅抱石得知金原省吾先生家里一贫如洗，其夫人不得已才在家门口摆台缝纫机，为人缝补衣服，以此补贴家用。傅抱石联想到母亲当年也要熬夜做手工活，才能供自己读书。如今的生活虽比过去最艰困的时期好了许多，可仍然需要通过筹款和兼职才能勉强维持学业。他心中感慨，真正的学者便是要富贵不能淫，贫贱不能移，此刻的他更为金原先生的艺术品质所折服。

初次到访，碰巧金原先生外出。第二天傅抱石再次来访，只见一位只有四十多岁的中年人出来迎接，身穿一件宽松的和服，态度亲切和蔼，完全没有大学者的架子，却自有一份从容不迫的气度。傅抱石与金原省吾先生一见如故，寒暄数语之后，就开始"纸上交谈"起来。这时的傅抱石虽已精通日文，但是口语还不行，只好用笔在纸上与先生交流。这本是无声的事情，可是不一会儿就传来阵阵笑声。原来，金原省吾先生在看了傅抱石带来的《中国绘画变迁史纲》和誊写精美的《摹印学》，以及书法、绘画和篆刻作品之后，连声称赞他是神乎其技。先生甚至谦虚地说，傅抱石的水平在自己之上，与这位学生相比，他手中的印章都不好意思拿出来了。傅抱石敬佩金原先生的修养，立即表示要为老师刻一方印，以便求教。一个月后，当傅抱石再度来到金原先生家时，果然带来一方用金原先生送给他的狮纽铜印刻的"金原"二字印章。金原喜爱非常，后来一直使用着。

傅抱石考虑到自己的精力有限，把原本想跟中山纪元先生学油画的计划取消了，从而专心跟金原省吾学习美术史论，兼习雕塑。东京帝国美术学校之前从未有过中国学生，而且研究生深造的前提是必须本校毕业。在金原省吾先生的帮助下，傅抱石成了帝国美术学校的第一位来自中国的研究生。在金原先生看来，能通过自己与傅抱石这样一位有为青年的共同钻研，从而促进中日两国的美术交流是一件大好事。由于导师带研究生不用专门去学校上课，可以由师生双方共同商量，制定学习计划，金原先生就非常谦虚地提议从对彼此的论著进行相互讨论开始，逐步推进傅抱石的学习进程。同时，为了满足傅抱石学习雕塑的愿望，金原先生又亲自领他去雕塑系，并向老师和学生们推荐这位来自中国的留学生，令傅抱石受到热烈欢迎，很快融入到雕塑系的学习中。可惜的是，傅抱石的时间太紧迫，他在日本留学中要完成的事情也太多，以至于后来也无法再兼顾这方面的学习，学校也没有留下他的雕塑作品。然而，这的确是傅抱石在帝国美术学校的教室里上过的唯一的课程。

傅抱石之前翻译了金原先生的几部作品，在翻译过程中就有一些不清楚的地方，如今跟着先生学习，正好将当初的问题一一提出来。金原先生耐心地给予解释，而且在阅读傅抱石的论著时，也不耻下问地向这位学生请教。他在日记中曾经写了这样的话："我也要在教傅君的同时，更加学习，以加强画论的研究。"可见，金原先生对学术非常尊重，他的这种与学生互相学习的姿态，也让傅抱石受益良多。那些被两人用来交流的纸上，不知凝聚了多少精辟的见解。据金原夫人回忆，师生两人经常在家里进行"笔谈"，有时候屋子里太安静了，让她以为他们出去了；不一会儿，却又突然爆发出响亮的笑声。金原先生的日记里也证实了此事，他记录了一段两人"笔谈"的内容，说的是傅抱石以为金原钻研中国美术史，应该会收藏几幅中国画的真迹，有一次便问他收藏了多少。金原的回答是"皆无"，引得两人哄然大笑。金原得知许多来到日本的中国留学生非富即贵，又看到傅抱石举止之间流露出的潇洒气质，以为他也是出身于书香门第，遂问起他的家世。没想到傅抱石竟回答说，他是修伞匠的儿子，母亲也只会做一点手工活，家里贫困，后来在别人的帮助下才上了学，来日本的学费也是他人资助的。师生两人又是相视一笑，彼此与对方的身世命运产生了共鸣。真诚的交流加深了师生的感情，他们之间没有年龄或者国界的差异，没有民族的仇怨，有的只是亲密无间的友情。

傅抱石毫不避讳地将已写好的《论顾恺之至荆浩之山水画史问题》的文稿拿给金原先生看。他严肃地指出，目前日本国内大多数研究中国文化的所谓学者，对中华文化并没有用心钻研，所写的许多理论文章对艺术缺乏最起码的尊重，不负责任地将事实扭曲和篡改，严重地伤害了中国人民的感情。金原先生完全没有因为自己是日本人而为那些伪学者辩护，相反他非常赞成傅抱石的看法。在看了伊势专一郎的文章后，金原认为傅抱石的文章论据充分，论证合理，对伊势专一郎批得对、批得好。金原先生在研究中国古代画史的过程中，早已涉及到顾恺之和山水画等问题，与傅抱石也共同做过研究和讨论，因此他也是最有发言权的。金原先生以一位学者的正直品质支持傅抱石继续研究，并与伪学者们争辩到底。

在金原先生的鼓励下，傅抱石又将研究的重点，放在了自己从小就深感兴趣的绘画大师石涛身上。这些年,傅抱石已经收集和整理了大量关于石涛的资料。日本当时又因中国美术界对石涛的推崇,开始兴起对他的研究热潮。可是,傅抱石发现这股热潮同样显得很浮躁。他告诉金原先生,日本画家桥本关雪先生一直是他所尊敬的,但桥本先生所著的《石涛》一书,却声称"欲写石涛之评传为不可能",这是因为日本研究者总把清初的这位僧人画家看得太神秘了。傅抱石用了整整一个假期,将之前的资料加以分析,又加入了许多新的研究成果,最终在1935年3月在日本《美之国》杂志上发表了《苦瓜和尚年表》。从此,傅抱石开始了研究石涛、论石涛、画石涛的历程。他曾写了四言十句来表达自己对石涛的敬仰:"一见如故,两心相印,三生有幸,四体不安,五内如焚,六欲皆空,七情难泯,八拜之交,九死不悔,十分向往。"可以说,在日本对石涛的钻研,是傅抱石一生与这位大师产生密切联系的关键一环。

不久之后,傅抱石将自己准备在东京举办一次个人书画篆刻作品展览的计划告

◎ 留学日本时期的傅抱石

诉了金原省吾先生。在日本期间，傅抱石虽然每天都要读书写文章，但是他的主要精力还是在书画和篆刻创作上。如果说南昌教书时他还在通过模仿、揣摩和继承传统绘画，那么如今，傅抱石有意识地扩大所选题材的范围，同时在技法上也糅合了丰富多变的形式。这一切都为他以后在绘画方面的发展打下了扎实的基础。同时，对于而立之年的傅抱石来说，他的篆刻艺术也已经到了炉火纯青的地步，进入了一个重要的转折时期，需要通过与外界更多的交流，借以继续提升。傅抱石对自己的艺术水平有清楚的认识，举办个展的目的也十分明确，概而言之，就是通过作品展览，听取日本美术界的意见，为建立个人风格做参考。

金原听了这位异国弟子的计划后，十分兴奋，他为自己能有这样一位目光远大的学生而深感欣慰，当即表示全力支持，并将在其展览举办之后，把傅抱石的作品推荐到日本国内的各家美术杂志上刊登。

傅抱石一边为画展努力创作，一边却不得不为展览场地问题而烦恼。傅抱石的愿望是能在东京市中心银座一带举行个展，但是一个初到日本留学的中国人要想在东京举办个人美展本就不是一件容易的事情，更不要说在银座这个繁华地段。尤其不易的是，银座是全日本第一流的私人美术作品展览汇集地，在这里举办个展的都是日本最著名的美术家。即便是他们也要严格按照规定，由著名的"画伯"，也就是在美术界具有较高地位的画家推荐才可以展出。因为傅抱石的中国人身份，且在国际上没有任何名气，要想顺利得到"画伯"的推荐，谈何容易。傅抱石为了这件事有些心灰意冷，对金原说他最想在银座松坂屋举办画展，如果实在不行，就换到资生堂或者鸠居堂，再不行在高岛屋也可以。至于场地租用费，贵一点也能接受。

金原先生却不想让学生受委屈，他先是委托老朋友冈登贞治先生帮忙联系，后来又亲自陪同傅抱石来到上野松坂屋洽谈个展事宜。果不其然，即使金原省吾先生亲自出马，上野松坂屋的老板也毫不犹豫地拒绝了。究其原因，除了傅抱石中国人的身份和在画界没有名气之外，这家老板也并不真懂艺术。当时的日本画中，还是以色彩艳丽且庸俗的装饰画比较好卖，老板一心只想赚钱，对傅抱石水墨淡描为主的画风一点也不感兴趣。金原先生却没有轻易放弃，他告诉傅抱石，东京的松坂屋不止这一家，银座松坂屋更好，这里不看好他，别处一定有人懂得欣赏他的画。之后，金原再次找冈登先生商量，恰好得知银座松坂屋的主任泽田东作先生是冈登的亲戚，便又拜托他去联系。

这之后是漫长的等待。在等待的时间里，傅抱石一面继续在中国驻日本大使馆留学生监督处兼任秘书，一面抓紧点滴的时间创作了大量的精品之作。每完成之后，傅抱石又都诚恳地拿给老师观看，请他提出意见。金原见其作品如此丰富，且极富高雅的韵致，便一再鼓励他，说必会有火眼金睛的行家懂得欣赏他的作品。金原先生四十六岁生日的时候，傅抱石将一幅裱好的《寿桃》画作为礼物送到他的家里。先生高兴之余，仍念念不忘抱石画展的事情。之前，冈登先生已经多次奔走于几家展览场所之间，可是至今没有得到任何确定的消息，金原心中非常着急，不断催促冈登加紧联系。

时间一晃一年过去了。1935年3月23日,金原省吾接到冈登的确切消息,说傅抱石终于可以在银座松坂屋举行个展了。在金原的协调下,银座松坂屋将傅抱石的作品交由日本"画伯"泰斗式的人物横山大观审查,横山大观先生对傅抱石的作品赞不绝口,这才让银座松坂屋对于举办傅抱石的个人作品展览有了信心。

后来,对于金原先生的帮助傅抱石有这样一段感谢之词:"展览会会场,蒙先生负促成,将来若晚有进境,当永远铭感先生之大德也。"4月8日,傅抱石特意将一份请柬送到先生家中,请他主持个展之前的答谢宴。金原先生不敢居功,起先还想推辞,但还是在傅抱石的热情邀请下前去参加了。这场答谢宴在一家中国餐厅举行,来宾除了金原,以及为个展出力不少的冈登贞治等人之外,还有郭沫若先生和朱洁夫。另外,由于傅抱石在大使馆的工作十分出色,受到留学生监督周慧文的赏识,所以周慧文和几位留学生也一同前来祝贺。此时,祖国的命运正处于风雨飘摇之际,他们将傅抱石的个展看做中国美术界的大事,看成事关全体中国人的荣誉的事。因此,他们要帮助傅抱石把展览办得隆重热烈,以彰显中国文化的精神力量。于是,大家在宴席上仔细确定了分工,在之后的一个月中,分头去联系当地新闻媒体和文化界。金原先生等人本着对艺术的尊重,对个展的筹备也给予最大的支持。傅抱石得到中日两方友人的相助,对成功举办个展充满了信心。

1935年5月10日,"傅抱石氏书画篆刻个展"在东京银座松坂屋正式举行。这座东京最高档的美术展览场所,在这一天,展出了中国美术家傅抱石先生的书、画、印作品共一百七十五件,一套凝结傅抱石多年心血的《抱石所造印稿》也被陈列在玻璃柜中。

◎ 傅抱石在日本举办的画展现场

金原省吾先生在为个展所作的序文中写道:"君立志东渡,钻研孜孜不倦,对其所学笃实精专","君之画风温雅,此与君之生性温雅一致","由于早年受到美术教育,完成了作为美术家的教养;而之学者素质,似使君更具艺术研究者风范,且兼具治学及艺术创作两种才能,从而造就了理想的中国文人画人才。君之画风,温而不锐,和而不重,使人乐于接受。窃以为此为参观本展览会万人之同感,决非余一人之所想也。"[1]日本美术界众多

---

① 山谷.艺术人生——走近大师·傅抱石.西泠印社出版社,2007年6月第1版。

名流都来到了傅抱石个展的现场，其中有书画家中村不折、篆刻家河井仙郎、文学家佐藤春夫、帝国美术学院院长正木直彦和日本政府的文部大臣也来了。

傅抱石的画作取材广泛，山水、人物、花鸟、飞禽、走兽等皆栩栩如生、意境高雅。其中《渊明沽酒图》、《瞿塘图》等都很惹人注目，那幅有郭沫若先生题诗的《笼鸡图》也被放在了重要位置上展出。

大厅中间的几个展柜中陈列了傅抱石的篆刻作品，引来了很多人围观。印石上刻满了小字，但是肉眼却看不清楚。展柜上事先预备了高倍放大镜，大家便争相借以观看。不看不知道，这一看之下，许多人就舍不得走了。在这些小小的印石上，精刻了屈原的《渔夫》全文共210字、《楚辞·宋玉对楚王问》全文共246字、陶渊明的《归去来辞》全文共338字、曹子建的《洛神赋》并序共883字，还有那枚后来送给熊式辉的"不求闻达"印上，刻了诸葛亮《前出师表》全文共634字等。这些用刻刀在印石上完成的微型书法，令日本美术界人士大开眼界。有人进行了一番测算，这些印石上最小的字恐怕还不足一微米。篆刻家河井仙郎对陪同参观的金原先生说，傅抱石的印参透了古人的真髓，可惜自己的老师缶庐先生已经在八年前去世了，如果他老人家今天能见到这些作品，一定也会为之惊叹的。

个展的第二天，一位重要人物出现在展览现场，他就是负责审查傅抱石作品的著名画家横山大观先生。这位六十七岁的画坛耆宿之前只看过傅抱石的少量作品，就给予了极高的评价。听到傅抱石个展正式举行的消息之后，他特地前来，仔仔细细地欣赏了近三个小时。

众位名家均购买了一些绘画、书法和篆刻作品,个展的第一天收入就有三百元之多。松坂屋的主任泽田东作这回反倒对金原和冈登先生感激不尽,正是由于他们力荐傅抱石,银座松坂屋才能举办如此风光的个展。这从一个侧面也反映出日本美术界已经对傅抱石这颗新星给予了充分的肯定。

展览会结束后,东京的各大报刊的文字和摄影记者如潮水般涌入了记者招待会的现场。于是,最为精彩的一幕发生了。他们最关心的还是印章上的那些边款小字是如何刻出来的。有一位记者干脆提议,请傅抱石现场表演一下。傅抱石爽快地答应了。只见他从提包中取出一块二寸多长、半寸见方的赭红色寿山石,然后用一块黑布把桌上的台灯罩住,再拿剪刀在布套一侧剪出一个小洞。傅抱石请人把现场的灯光全部关闭,四周顿时漆黑一片,只有一束亮光从蒙在台灯上的黑布小孔中射在印石上。傅抱石用左手拇指和食指扶稳印石,用右手持一把刻刀,用刀的刃面以九十度的角度在图章一面移动。然而,这移动之轻微,几乎令在场的记者无法察觉,以至于等傅抱石完成作品的时候,众人还以为他是变了一个戏法,就让原本平滑的印章上出现了一行行白色的小点。灯光打开后,现场恢复明亮,傅抱石从包里取出放大镜递给记者们。大家将放大镜往印章上一看,简直都不敢相信自己的眼睛,印章上每个字每一笔都清晰可见,一场奇迹就在他们的眼前静静地发生了。

第二天,《读卖新闻》和各大报刊都引用了横山大观的原话"中国篆刻神手傅抱石胜过米滴神手"作为大标题,详细报道了傅抱石的个展事件,并配上了他在现场表演的照片。更有电影院也完整放映了傅抱石展览会现场和现场表演篆刻技法的镜头。正木直彦评论道:"君艺术天分甚高,书、画、雕塑、篆刻无所不能,且皆自成一家。而君之笃学使其艺术更高……"[1]一时间,傅抱石这样一位中国美术家竟成了日本美术界家喻户晓的人物,许多名流都以收藏傅抱石的作品为荣。郭沫若先生认为,傅抱石这一次"替中国人确实吐了一口气"。

展出的五天为傅抱石带来了三千元的收入,除去一切费用,还剩余二千多元,这既解决了傅抱石在日本继续深造的经费问题,又为他举办第二次个展积累了经费。于是,傅抱石雄心勃勃地准备一边学习,一边新办一种杂志,并将在当年11月在名古屋的松坂屋举行第二回个展。可仅仅一个星期之后,傅抱石匆匆来到金原先生家,告知历经千辛万苦将他抚养成人的母亲大人病危的消息,特来拜别老师,准备立即回国去了。临行前,傅抱石将两个提包寄放在老师家中,一包是一些裱好的和没裱好的,或是已画完的而未题款的和未画完的画,另一包是《傅抱石自造印稿》等著作,还有一些文稿。金原夫妇依依不舍地送走了傅抱石,没想到他这一走竟成了永别。

由于母亲于1935年7月9日病逝,料理完丧事,傅抱石将举办个展获得的收入都用完了。虽然他一直努力联系有关人士,想再次得到出国深造的资助,可是一直没有结果。师生二人一直保持通信,倾诉彼此的挂念。傅抱石在一封信中写道:"先

---

[1] 山谷.傅抱石.西泠印社出版社,2007年6月第1版。

生之大名,今天在中国艺术界可谓人人皆知,晚不胜光荣也。晚现在远坐海天,何胜伤感,诚不知何日再与先生共商艺术也。"①次年,因为傅抱石还无法来日,金原先生就将他的毕业证书寄了去。随毕业证书还有一枚毕业纪念铜徽,金原怕邮寄会遗失,便一直代为保管着,想等傅抱石回来时亲手交给他。

1937年卢沟桥事变,日本大举侵略中国,作为中国人的傅抱石实在无法在此刻留学日本。东京又笼罩在盟军轰炸机的威胁之下,金原先生对自己的财产毫不在意,却极为担心傅抱石的心血之作有什么损失,想尽办法把他存放的物品转移到长野老家中。直到金原先生弥留之际,他还惦念着那两包东西,命家人在自己死后,将傅抱石的所有作品全都捐赠给帝国美术学校。学校后来更名为"武藏野美术大学",80年代,当傅抱石的三女儿傅益瑶前来进修的时候,武藏野美术大学特别安排展出了这些珍贵的作品。它们饱含了傅抱石和金原省吾先生之间深切的情谊,同时也为后来中日美术界的友好交流开启了一扇大门。

---

① 沈左尧.傅抱石的青少年时代.上海书画出版社,2009年12月第1版。

叁 事业巅峰：搜尽奇峰造真境

傅抱石从日本回国后，受徐悲鸿的邀请，来到南京中央大学任教。期间，罗时慧从武汉美术专科学校毕业，在南昌的一所名为"心远"的私立中学里担任音乐教师。夫妻两人可以于寒暑假期间，在南昌或者南京相聚。抗日战争的全面爆发，中央大学准备从南京迁往重庆，傅抱石在大学的讲师工作很快就宣告结束。不久，发生了震惊世界的"南京大屠杀"，傅抱石一家幸运地避过一劫，可是他的心中却对这场浩劫充满愤恨。

一　金刚坡"抱石皴"

◎ 傅抱石夫妇和孩子们在金刚坡"抱石山斋"前留影

　　傅抱石从日本回国后,接受徐悲鸿的邀请,来到南京中央大学任教。期间,罗时慧从武汉美术专科学校毕业,在南昌的一所名为"心远"的私立中学里担任音乐教师。夫妻两人可以于寒暑假期间,在南昌或者南京相聚。抗日战争全面爆发后,中央大学准备从南京迁往重庆,傅抱石在大学的讲师工作很快就宣告结束。1937年8月,日本侵略者进攻上海,直逼南京。傅抱石托熟人将罗时慧、岳母和两个儿子护送回南昌,自己前往安徽宣城。

不久，发生了震惊世界的"南京大屠杀"，傅抱石一家幸运地避过一劫，可是他的心中却对这场浩劫充满愤恨。

安徽宣城曾是明末画家宣城派之首梅清躲避清兵的隐居之地。当年，石涛与师兄喝涛来到宣城后，诚心向梅清求教，比石涛大十八岁的梅清竟与其一见如故，成了忘年密友。以后，石涛每次到宣城或者黄山，都要去拜访梅清，因此宣城留下了许多两位大师的足迹。巧的是，两百多年后，傅抱石也在这里躲避日本侵略者，而他的主要目的还是考察石涛的遗迹，以便完成关于石涛的研究课题。

傅抱石回到南昌后，于次年正月二十六携全家转移到老家新喻章塘村。老家虽然贫穷，但是同族各屋的父老乡亲们对这位令他们深感荣耀的族人非常欢迎。他们杀鸡设宴，馈赠礼物，着实热闹了一番。傅抱石深感老家人的宽厚和质朴，暂时忘记了村庄之外战火纷飞的世界。他"避难于乡梓，憩息于田园，好像进入了桃花源中"。许多亲友前来求画求印，傅抱石都是有求必应，于是在这里留下了许多作品。

1939年夏天，战火烧到了江西。此时，国共第二次合作，进行全面抗战。郭沫若先生也从日本秘密回到祖国，在新成立的国民政府军事委员会政治部第三厅担任厅长一职，专门从事抗日宣传工作。他起用了一批文化界的知名人士，如阳翰笙、田汉、胡愈之、冼星海、张曙、洪深等人。对在日本结识的挚友傅抱石当然也没忘记，郭沫若通过报纸召唤傅抱石前去三厅一同从事抗日救亡工作。傅抱石从报上看到消息之后，立即只身前往武汉，来到郭沫若的身边，担任厅长秘书室"同中校秘书"。紧接着,他便开始了紧张繁忙的工作,起草重要文件,协助处理行政事务,频繁往来于武汉、株洲、衡山、衡阳、东安、桂林等地,亲身经历了"武汉保卫战"、"长沙大火"等历史事件,为抗战倾尽全力。

日军的铁蹄很快便跨过了长江,三厅不久就从武汉南撤。傅抱石匆忙赶回老家,带着全家人从新喻辗转逃往四川綦江,经历了一段令他极度悲痛的逃难过程。首先是岳母在逃难的路上患上了眼疾,因为得不到及时治疗,视力逐渐衰退,以至最后双目失明。母亲的状况让罗时慧心中难过非常,加上老人家失明后行动不便,夫妻两人又要照顾两个年幼的儿子,一家人的旅程遭遇了极大的困难。在桂林之前,傅抱石一家还能坐上火车,而从桂林入川途经贵州省一线有数百公里的路程,没有火车,连汽车都常常因为交通不畅而坐不上。从黔北到重庆以南,乌江的河道交错纵横,一路上到处是崇山峻岭,傅抱石不得不领着一家老小徒步翻山越岭。罗时慧牵着母亲,傅抱石一面要保护好他看得比性命还贵重的书稿,一面还要照看孩子们,其艰辛程度可想而知。等到终于上了川黔铁路之后,傅抱石因为离最终目的地重庆不远了,略微松了口气。然而,正是在綦江,傅抱石经历了人生的巨大痛苦——逃难中,罗时慧在东安生下的女儿,突然高烧不退,尽管傅抱石夫妇俩用尽一切办法挽救,终因为当时当地的医疗条件太差,永远地失去了这个小生命。在罗时慧生了两个儿子以后,傅抱石曾多么期盼能再添一个女儿,可是战争却将他刚刚获得的爱女扼杀在襁褓中。然而,情感的创伤非但没有消磨掉傅抱石的意志,反倒让他更加坚定了与日寇抗战到底的决心。

◎ "上马杀贼"印。该印表达了傅抱石的抗敌之志

日本轰炸机不时飞临重庆上空,跑警报,对那个时候的重庆人来说是家常便饭。为了安全起见,三厅把文化工作委员会安排在重庆市西郊金刚坡下的赖家桥。这里距重庆市区大约七十华里,周围群山环绕,树木茂盛,形成了天然的屏障。傅抱石一家被安排在一户姓岑的地主家的房子里,距赖家桥约二里路。

房子前有个独立的大院子,溪水从院子后面的竹林中穿过,清新的环境让刚刚结束逃难生活的傅抱石得以获得暂时的安宁。同时,金刚坡下梯田层层叠叠,农舍在黄昏时升起袅袅炊烟,牧童、耕牛在夕阳下共同组成一幅令人如痴如醉的田园风景画。这些都让随三厅迁到这里的文化名人们感到欣慰。虽然生活条件艰苦,他们还是热情高涨地聚集在一起,认真进行着抗日宣传工作。

在国家民族面临深重的灾难之时,傅抱石作为一个艺术家,改变了原来的艺术思维模式,坚持将艺术与民族之前途和国家之命运紧紧相连。他认为提炼出中华古代画史中蕴含的民族精神,是提高全民凝聚力的一个重要手段。于是,他发表了《从中国美术的精神上来看抗战必胜》和《明末民族艺人传》等文章,积极宣扬中国传统绘画艺术中所凝聚的民族精神与意志,以此唤起人民心中的民族责任感和抗敌御侮的精神。

日本在对华军事侵略的同时,也在不遗余力地诋毁中国文化,以达到文化侵略的目的。1939年,横山大观在《改造》杂志上发表了《日本美术的精神》一文,意在通过"圣战"的言论来吞噬中国画理论。由于他在日本和国际上的声望,文章刊登后造成了不小的国际影响。傅抱石注意到了他的表现。虽然横山大观曾经给过傅抱石帮助,但是在涉及民族尊严和民族利益的情况下,傅抱石却毫不含糊,他旗帜鲜明地做出了反应,立即在重庆的《时事新报》上发表了《从中国美术的精神上来看抗战必胜》一文。文中言明"中国美术是'日本美术的母亲'",并提出中国画具有三种伟大的精神:"第一,中国美术最重作者人格的修养;第二,中国美术在与外族、外国的交接上,最能吸收,同时又最能抵抗;第三,中国美术的表现,是'雄浑''朴茂',如天马行空,夭矫不群,含有沉着的、潜行的积极性。这三种特性,扩展到全民的民族抗战上,便是胜利的因素。""再看日本美术,建筑、工艺,只是'小巧',写字则酷喜'枯瘦',绘画呢?'刻板''破碎'而已。老实说,日本这次发动侵略的战争,就是把这幅最伟大最紧张最积极的中国画看走了眼!弄得深入泥沼不能自拔。"他的文章像一把利剑刺入敌人的心脏,也鼓舞了中华民族团结抗战的意志。

　　与此同时,傅抱石还在绘画创作中注入了强烈的民族情感,以手中的笔墨来抗日。他在金刚坡生活了整整八年,这一时期的画作上总要题上"作于重庆西郊金刚坡下山斋"。八年中傅抱石创作了数百幅画,许多精品在这里诞生,其中又分为人物画和山水画两部分。人物画主要表现历史上有着重要影响的人物和围绕这些人物发生的故事,如屈原、苏武和石涛等。同时,傅抱石也以古代优秀诗篇为创作的题材,创作了许多诗意画。

1942年,傅抱石以东晋名士谢安处淝水大战之际,镇静自若与友弈棋的故事为背景,创作了《东山捷报图》。据史书记载,在公元383年夏,符坚率领百万大军,进攻东晋。东晋的军队只有八万人,双方实力相差悬殊。面对十倍于己的强敌,谢安却从容镇定。经过缜密的分析,制定好迎敌之策,他派出自己的侄子谢玄迎战。谢安自己却一边和好友下棋,一面等待前方的消息。当士兵前来报告得胜的消息时,谢安没有因捷报而过分欣喜,手中的棋子依旧坚定从容。傅抱石通过画笔,对这一历史故事进行了艺术化的再现,表达了对抗日胜利喜讯的期待。

1943年,傅抱石创作了第一张大幅《湘夫人》。画中湘夫人伫立在萧索的落叶和瑟瑟的秋风之间,虽楚楚动人,却神色黯然,仿佛不忍离去。整幅画意境空灵深邃,笔法清劲秀雅,这是傅抱石心声的表达。此刻的日本侵略者已经将战火烧到了湖南,湘江洞庭和傅抱石的家乡江西都处于了水深火热之中。傅抱石和夫人罗时慧的心中充满了对家乡百姓的担忧,对侵略者的深恶痛绝。傅抱石用一幅《湘夫人》将心中的忧伤和悲恨交织的情感,淋漓尽致地表现出来。他在画的下方抄录了《九歌·湘夫人》的全文,并在长跋中写道:"屈原九歌为自古画家所乐写,龙眠李伯时、子昂赵孟頫,其妙迹尤光辉天壤之间。予久欲从事,愧未能也。今日小女益珊四周生日,忽与内人时慧出楚辞读之,袅袅兮秋风,洞庭波兮木叶下,不禁彼此无言。盖此时强敌正张焰于沅澧之间,因商量写此……"次年十一月郭沫若为其题诗曰:"莫道婵娟空太息,献身慷慨赴幽并。"

除了《湘夫人》,傅抱石还创作了一系列关于历史人物的绘画,如《屈原》、《苏武牧羊》、《国殇》、《文天祥》等。1942年6月,傅抱石创作了《屈子行吟图》。画中的屈原面容憔悴、形容枯槁地行走在烟波浩渺之中,却分明能够听到他惊天动地的吟唱声,这幅画以绝妙的意境表达了"百代悲此人,所悲亦自己。中国决不亡,屈子芳无比"的思想。1944年9月,傅抱石又以杜甫的乐府诗《丽人行》为主题,创作了长卷《丽人行》。作品描绘了杨贵妃家族三月三外出郊游时盛大的场面,反映出君王的昏庸无能,借以抒发傅抱石对反动统治者穷奢极欲,却不顾人民死活的愤慨。傅抱石正是借助这些古代人物和故事,鲜明地表达了他爱憎分明的情怀,激励全国人民的斗志,万众一心,将敌人赶出去。

◎ 傅抱石夫妇和小石、二石

严格说来,被傅抱石称为"金刚坡下抱石山斋"的屋子根本连画室也算不上。这里本是地主家堆放杂物的仓库，空间狭小阴暗，房间里只有一张方桌，是地主借给傅抱石一家吃饭用的。这张吃饭用的桌子，也是傅抱石的"画案"。傅抱石只能等一家人吃完饭后才能使用方桌作画。罗时慧知道傅抱石的心思，饭后便领着孩子们到屋外的竹林里散步、玩耍，有时五六个小时，甚至八九个小时。傅抱石则把方桌靠着门口摆放。因为屋子里光线不足，他只好借着门口和屋顶上的几块透明瓦透下来的一点光线作画。等到下一餐即将开始的时候，他又得把桌上的用具一一收拾起来。当然，傅抱石作画时，孩子们有时也会在旁边乖乖地观摩，在傅二石的记忆中，他很小就开始跟在父亲身边打下手，对父亲作画时的情景也记忆犹新："父亲作画时全神贯注，用大笔在纸上纵横驰骋，须臾间便满纸烟云。由于渲染时水用得多，整个画面湿漉漉的，需要赶紧放在火盆上烤，烤到半干再放到桌上进一步加工收拾。若在夏日，父亲常常是光着上身，脖子上围着一块擦汗用的发了黄的毛巾。父亲的这一形象牢牢地印在了我的脑中。"

◎ 傅抱石的作品《大涤草堂图》，作于1942年。上有徐悲鸿题字

就在这么艰苦的条件下，傅

抱石不但坚持写作、绘画,为抗日做宣传,同时还承担着教书育人的责任。1940年9月,文化工作委员会解散,傅抱石便回到在沙坪坝的中央大学担任讲师。抗战期间,国立艺术专科学校也迁到了重庆,校址就在嘉陵江的东岸。教育部本来再三催促陈之佛先生担任校长,但是陈先生并不愿意。在傅抱石举办画展时,经济上曾受到陈先生不少的支持。考虑到抗战期间也应当有人担负起艺术教育的重任,且国立艺专又是艺术专科学校中的最高学府,对艺术教育界的重要性不言而喻,于是傅抱石主动前去劝陈之佛先生担此重任,并答应担任其秘书,为他分担事务,陈先生这才出任校长一职。陈之佛上任之后第一件事便是将傅抱石聘为秘书,又聘为美术史教授,可见其对傅抱石的倚重。在这之前,傅抱石还只是讲师,如今重任在身,他更是尽心尽力地教课。这样一来,傅抱石每周都要步行来回赶几十里的山路,往返于金刚坡和沙坪坝之间,途中不但要翻山越岭,还要涉江跨河。据同在国立艺专的同事杨建侯先生回忆:"他每次上课,总是翻山越岭,循着小径徒步到校,从来不坐公共汽车。这样的忍苦耐劳,是他在长期生活的磨练中所养成的习惯……"[①]
傅抱石无论在子女或是朋友、学生眼中永远都是一副清瘦的模样,身材修长,常穿一身洗得褪色的青灰色长衫,衣服的右边口袋里装有香烟和火柴,手里拿着装满书籍和讲稿的提包和油纸伞,脚踏一双破旧的黑布鞋。虽然看上去有些不修边幅,但是在

[①] 山谷.艺术人生——走近大师·傅抱石.西泠印社出版社,2007年6月第1版。

傅抱石朴实无华的外表下，仍旧散发出一派学者风度。

每周翻山越岭的徒步行走虽然艰苦，却也是傅抱石接近自然，感受其性灵之美的大好机会。这个经历对他的绘画创作题材的取舍产生了重要影响。这一时期，傅抱石创作的山水画多以表现现实生活的题材为主，而金刚坡下秀美的景色与山区人的生活，自然成了傅抱石创作的取材对象。他这一时期的绘画，在继承宋画的宏伟大气的章法的基础上，又增加了取自元人的舒畅情致，一改各种传统的皴法，以散锋乱笔来构建山石的形态，逐渐形成了独一无二的"抱石皴"。这是中国山水画技法的全新创造，这种皴法以其磅礴的气势与自然界生动活泼的景象融为一体，打破了笔墨的约束，成为傅抱石艺术生涯中的重要转折点。关于这一独特皴法的诞生，他这样描述："我作画所用的皴法是多年在四川山岳写生过程中逐渐形成的。我着重表现山岳的变化多姿，林木茂盛而又可见山谷嶙峋的地质特征……注意山石的自然情趣和笔墨效果。"①

夏季的金刚坡一带，常常是烟雾缭绕，让人辨不清方向，傅抱石漫步其间，吸收着大自然的精华。他静静地站在家门口，仔细观察周围的变化，在他的眼中一切美景都是运动的。有时候遇到山雨呼啸而来，他却不躲不避，反而丢下手中的一切，不顾一切地狂奔到最高的地方。在他四周是翻腾的烟云和轰鸣的雷声，大雨淋湿了衣裳，也将他的内心冲洗得无比畅快。

---

① 傅抱石著，山谷编. 傅抱石谈中国画. 中国青年出版社，2011 年 1 月第 1 版。

黄仲则曾为《青岩图》题诗曰:"重崖叠气冥冥,寄尔乾坤一草亭。壁上龙蛇藤补屋,枕边风雨树穿棂。才名此时兼三绝,笔墨他日护百灵。岂合斯人老丘壑,将来麟阁要丹青。"在傅抱石的女儿傅益瑶看来,黄仲则所描绘的山水图卷与父亲傅抱石的山水画面多有契合。她记得父亲曾说过,水声其实也是一种语言,像歌声,有韵律,而画水就是在画中传递一种音乐语言,让人仿佛听得见声音。傅抱石在山水画里丰富了水的表现力,表现山峦时却不去画整座山,而是截取某个侧面,利用层次感将山峦的象征意义表达出来。同时,在关于水的作品中,傅抱石喜欢让一位身穿上古衣冠的小老头立在其间,或悠然自在地读书看画,或意气风发地登山临水。一幅气势磅礴的山水画,却只在山脚、山腰画个渺小的人物或一座小亭,这正是傅抱石内心的写照,当他处于山水间,以博大的胸怀与天地融合之后,这些渺小的人物和景物就变得同样伟大了。人与山水之间无限的通融,其生命也变得顽强高尚,这就是傅抱石山水画中的灵魂。

傅抱石在1942年10月重庆夫子池励志社举办了一场个人画展,因为是农历壬午年又称之为"壬午画展"。其中展出了傅抱石100件作品,绝大部分都是金刚坡下抱石斋所作。如《大涤草堂图》、《巴山夜雨》、《风雨归舟》、《云台山图卷》、《观瀑图》等等,对其一生创作来说,都是极其重要的作品。画展取得了空前的成功,徐悲鸿、陈立夫、常任侠等人,甚至美国的艾惟廉博士都在当时的报刊上对他的作品大加赞赏。据傅二石介绍,当时艾惟廉等人都买了傅抱石不少的画。傅抱石在自己的《壬午重庆画展自述》中写道:"中国画需要'变'毫无疑问,但问题端在如何变","我认为中国画需要快快地输入温暖,使僵硬的东西先渐渐恢复它的知觉,再图变更它的一切。"由此可见,通过创造"抱石皴"的技法和创造的整个过程,傅抱石建立了自己独特的绘画主张,开启了对中国画精神的深长思考。

　　傅抱石在金刚坡最近的邻居是司徒乔一家,他们住在一个叫做"团山堡"的山坡上。他们的房子较之傅抱石住的要宽敞些,甚至还有一间"客厅"可以容纳多人会客。司徒乔热情好客,还特意在自家周围开辟了一小块花圃,简朴的房舍更显得雅致。于是,住在金刚坡的文化名人都喜欢去他家聚会,傅抱石也经常带着两个儿子去拜访。司徒乔根据女儿的名字,给他的画室取名为"双羽轩",这里俨然成了金刚坡下的文化沙龙,朋友们在一起讨论时政和艺术,偶尔兴起,还会一起合作挥毫。有一次,赶上司徒乔家人过生日,众人相约去热闹一番。他家的客厅里点了很多蜡烛,为客人们准备了点心。从留声机里传来《风流寡妇》的乐曲,主人和客人们跳起华尔兹,傅抱石也将儿子推出去与司徒乔的女儿一同跳舞。在艰难困苦的生活和对国家命运的担忧中,傅抱石与朋友们依然保持着浪漫主义的精神,使创作的激情没有被狭窄的空间所桎梏,喷发般地创作出了大批中国现代绘画史上的优秀之作。

　　然而,金刚坡并非真的世外桃源。抗战爆发的第二年,重庆一直处于日本飞机的狂轰滥炸之中。重庆城里的警报声虽然传不到郊外的金刚坡,但是为了保证这里的安全,便出现了"乡村警报"——敲打铁块的当当声。声音越急促,说明越危险。这些声音的出现经常将金刚坡原本宁静的生活打破。重庆是座山城，金刚坡更加不缺山洞，当地将一个较大且深的山洞略加改造，安了门和通气设备，又在洞里放上一些供人坐的石块，就算是给三厅的文化工作委员们特制的"防空洞"了。

可是，这个洞离傅抱石家较远，加上家里有老有小，岳母眼睛瞎了哪里也去不了。于是，傅抱石就负责带着孩子们去防空洞躲避，留下罗时慧陪着母亲。时间一长，傅抱石也不放心，就把家里所有的棉被都叠放在方桌上，桌下垫上厚厚的木板和纸张。警报声一响，罗时慧就可以陪着母亲坐在桌子下面，直到警报解除。傅抱石带着孩子在防空洞里也不闲着，总是随身带着书，他不愿浪费哪怕一点点的时间。

傅抱石对长辈孝、敬是出了名的，对母亲如此，对岳母也是如此。每在文章或者书信中提到岳母，他总是称之为"李太夫人"。这位岳母年轻时敢于与世俗抗争，性格刚强，年老体弱时又双目失明，却不愿意给别人增添麻烦。但越是这样，傅抱石和罗时慧却越是给予她特别细心的照顾。他们发现在所居住的院子后面有一个佛龛似的浅洞，能容纳下两人，就让儿子傅二石陪同外婆在警报响起时躲在这里。这毕竟比躲在家里的桌子下安全很多，傅抱石又给岳母准备了小木凳、小茶壶和扇子，让老人家在洞里躲藏时也不至于太难受。在傅抱石和罗时慧的精心照料下，岳母很快适应了金刚坡的生活，在她熟悉的空间里能够行动自如。

在傅抱石的个展举办之后，文艺界对他绘画的才华有了新的认识。有些人就干脆直接来金刚坡找他求画，其中还有些

"洋客人"。一次,傅抱石的学生沈左尧领着五六位"洋客人"从重庆一路驱车来到金刚坡,这在当地简直是奇闻。可是,傅抱石的居所实在太简陋,又不能让洋人看笑话,正在为此犯愁,没想到房东地主却大方地把自己的堂室贡献出来。因为在他看来,洋人肯下到穷乡僻壤求画,傅抱石的水平绝对不一般,不能让中国人在洋人面前丢了面子。这个堂室本来是老地主对下人施加威严的地方,外人一般不得入内,这一回倒是他和子女们从门窗外往里面看"西洋景"。瞧见洋人对傅抱石的画爱不释手的样子,老地主逢人就吹嘘,说家里的傅大师如何了得,把"洋大使"都搞到金刚坡来了。

1945年8月15日是中国历史上一个重要的日子,日本在这一天宣布投降。当年10月,傅抱石携全家离开居住了八年的"金刚坡下山斋",随中央大学迁回南京。与当初来到金刚坡时相比,傅抱石的家庭成员中又添了两个女儿——益珊与益璇。尤其是益珊的出世,让傅抱石夫妇心理上获得了极大的宽慰和满足感。他们一直就希望能有一个女儿,益珊前面的姐姐因病不幸夭折,曾给傅抱石夫妇心理上留下深重的创伤,因之,益珊的出世,令他们尤为珍惜,每次傅抱石进城回来时,都要给她带些小礼物。而益珊如果知道父亲回来,也会早早在路口等他……如今,抗战胜利了,傅抱石和儿女们再也不用挤在狭窄的农舍中,一家人乘坐着飞机从重庆向南京飞去。金刚坡远远地留在了身后,但关于金刚坡的记忆,深深地留在了傅抱石及孩子们的记忆中。而前方,有更加丰富、精彩的生活……

二　新变：毛泽东诗意画中探索

◎ 傅抱石在上海慈淑大厦举办的傅抱石画展上，摄于 1947 年

　　壬午画展之后，傅抱石的绘画才华被美术界充分认识到了。此次画展显示他已经形成了自己具有独创性的绘画风格，后来，他将主要精力从原来的美术史转移到绘画创作中来，并在完善山水画创作的同时逐渐开始了人物画的创作。之后的 1943 年、1944 年，傅抱石又连续在重庆、成都举行画展，还与郭沫若先生一道于 1944 年的秋天，在昆明举办了"郭沫若书法、傅抱石国画联展"。此时的傅抱石声名远播，真正登上了个人艺术事业的

巅峰。

在傅抱石的艺术创作生涯中,"创新"一直是其孜孜以求的目标与境界。在其二儿子傅小石的心目中,父亲对中国传统绘画艺术充满了敬爱,为中国绘画精神的博大精深感到由衷的自豪,由于这种热爱和自豪,他容不得任何人对中国绘画传统的非议;但同时,他这种热爱与尊重之中,又包含着某种深刻的使命感,这种使命感决定了他绝不会墨守成规。其中的内在逻辑就

◎ 1947年傅抱石全家在南京鸡鸣寺合影

是,他自觉地肩负起了发扬光大祖国文化的使命。中国绘画要有生机,只能求变。"抱石皴"的创造,就体现了傅抱石对美术变革的清醒意识以及超凡的创造力。明代中国山水画总有复古的潮流,清初的画家闭门造车的倾向严重,绘画缺乏生趣灵性。傅抱石采用的"抱石皴",让山水有了动感,有了生气,有了精神和灵魂。他认为"皴法是山水技法上的关键问题……中国山水画上的皴法,是祖国历代杰出的山水画家们长期以来在写貌山水的不断实践中,最富于创造性的辉煌成果,是表现由各种不同地质构成的山岳的形象规律,它不只具有高度的科学性,而且是符合现实主义创作的基本精神的。"①

抗日战争胜利后,傅抱石一家随中央大学返回南京。当年的年末,在执教艺术系之余,傅抱石还与徐悲鸿、陈之佛、吕斯百、秦宣夫在香铺营南京文化会堂举行"五教授联合画展"。这时,他依然延续着诗画相融的特点,每一幅作品以一句五言或者七言诗命名,如《指琴坐苔石》、《日日凭栏洗耳听》等。1947年,在上海南京东路的慈淑大厦的"中国艺苑"又举办了"傅抱石教授画展",期间更是展出了许多巨幅作品,除了山水画,傅抱石也有意识了地增加了与山水画数量相当的人物画作,总共展出作品一百八十多件,可谓规模空前。郭沫若先生对这次画展高度赞赏,并专门撰文,在这篇题为"勖抱石——为傅抱石画展作"的专文中他写道:"傅抱石教授在中国国画坛上有他卓越的成就是

---

① 傅抱石著,山谷编. 傅抱石谈中国画. 中日青年出版社,2011年1月第1版。

毫无疑问的事。""他的才力丰裕,学力深厚,工力稳健。作画大有气魄而不荡逸规矩,时新机杼而不卖弄才气。韩退之于其为文,以'沉浸浓郁,含英咀华'自标举……抱石多才多艺,擅篆刻,能文章,精鉴别,书法亦雅静可喜。但这些都集中起来,蔚成了他的画艺。读书多,游迹广,阅历深。于其所业,专心致志,决少旁骛。他能有斐然的成绩是理所当然的。"郭沫若先生不但对傅抱石的艺术成就非常了解,同时,他也将傅抱石这位挚友当做实现自己心中艺术理想的实践者和同路人。因此,郭沫若说:"抱石于古代诗人,前喜陶渊明,后转而倾拜屈左徒,但我今天却又有一个对于他的诚挚的期待——希望他成为画坛中的杜工部。一个真正伟大的画家必须成为人民的画家……必须透彻于人民的生活,以'入地狱'的精神,从污池中再开出莲花。把小我向大我中

◎ 1947 年,中央大学迁回南京后,美术系师生合影

解放，一个人的成就然后才能够成为真正的大成。抱石是一位自强不息者，我相信我的这个期待，在他或许是早已自行期许着的。"

　　傅抱石果然没有辜负郭沫若先生的期望。1948年，当解放军取得全国战场上的胜利之时，傅抱石果断地选择站在了人民的一方。当时，随着解放军的节节胜利，南京的大学里却不安定，有的教师离职去了别处，没离职的教师中也有人议论迁校，连学生正常的学习都没法保证。这当中最多的是举棋不定的人，他们找傅抱石商量，有人劝他一同去台湾。其实，傅抱石的心里早已有了答案，他以拖家带口不便搬迁为由，拒绝了让他同去台湾的建议。

◎ 傅抱石全家在傅厚岗住所，摄于1949年底

1949年的4月,解放军占领了南京,南京宣告解放,国立中央大学也更名为国立南京大学。5月,南昌解放。10月1日,新中国成立,国立南京大学恢复一切正常教学,并将傅抱石聘为国立南京大学师范学院美术系教授。

　　然而,与新社会新生活同时展开在傅抱石面前的,却是一个尴尬的艺术环境。1949年11月26日,中央文化部部长沈雁冰批准发布了《关于开展新年画工作的指示》,从此新中国开始了对旧美术的第一次改造工作。不久,北京竟然刮起了一股否认中国画的风潮。那是20世纪50年代初始,有些人给山水画和花鸟画扣上封建主义的、士大夫文人"自娱"的帽子,认为此时的中国画是不合时宜的封建意识形态残余。在这种极左思想的影响下,中国文人画常流露出的清高骄傲、孤芳自赏的世界观和对世事的态度也一同遭到批判。一时之间,具有中国传统绘画代表性质的山水、花鸟画不能画,追求意境、挥洒自由的各种技法也受到种种限制。在高校里,老师人人自危,国画教师什么都不敢教,甚至到了连课也不敢上的地步。

　　随着这股风潮在全国许多高等艺术院校中蔓延,一些学校不得不取消了国画课。当时,中央美术学院是国内最高的美术学府,院长是徐悲鸿先生。然而徐先生生病期间,副院长江丰主持着中央美术学院的工作,并在徐悲鸿逝世后担任代理院长,同时负责当时全国的美术工作。在当时的时代大气候下,他由不大看得起中国画,发展到最后要求废除中国画。各大院校美术系都将中国画改为了彩墨画,就是用毛笔画西洋画。其实早在20年代至30年代初期,就曾有过让中国绘画与日本绘画"结婚"

的论调，还有人提出中国画与西洋画"谈恋爱"。放着博大精深的中国画传统不去钻研，反倒将不伦不类的彩墨画当做优秀的绘画形式，这让很多文化界人士不满，但是鉴于当时的政治气候，他们害怕被扣上政治的大帽子，招致麻烦，因此就选择了沉默，敢怒不敢言。

傅抱石长期从事中国画理论研究并投身美术教育工作，他深知维护中国画传统的重要性；这种维护和创新并不矛盾。他也强调革新，但革新要有基础，要有法度，要有原则。如果将中国画这棵大树连根挖掉，创新也就无从谈起。那种试图全盘推翻传统的做法，绝非艺术发展的正途，如果任其蔓延，将对民族绘画艺术的发展造成严重甚至致命的伤害。在这种关乎中国画命运的大是大非的问题面前，傅抱石表现出了他作为艺术家的勇气和良知，对这股艺术史上的逆流，表明了坚决反对的态度。他曾说："大倡中西绘画结婚的论者，真是笑话。结不结婚，现在无从测断。至于订婚，恐在三百年以后，我们不妨说得近一点。"他认为中国绘画"真可以伸起大拇指头，向世界画坛摇而摆将过去，如入无人之境一般"。

当时的南京大学也在全校范围内开始进行"精简课程"的学习和工作，其下属的师范学院艺术系中，只要是和"中国"两个字有关的课程，居然差不多全被精简掉了。傅抱石所教的书画、篆刻、绘画理论和中国美术史四门课程一个不留，逐一被取消。学校还要求学生：除创作、素描以外，一律改为选修；除上午基本练习（素描）外，下午一律选修。这些情况一度让傅抱石陷入了苦闷和彷徨之中。然后随之便是傅抱石从苦闷中彻底的觉醒与振作,他要有所行动。其后,他在文联、美协、政协及学校的各种会议上,为中国绘画的命运大声疾呼。同时,他在各种报刊发表文章,力排众议,态度鲜明地主张中国画的名字不能胡改,中国画的传统更不能丢。他在《民族形式的研究》、《伟大的中国艺术传统》等演讲中,积极宣传中国画的优秀传统,既反对保守主义,也明确反对民族虚无主义。他的"中国的绘画,有其特殊的民族性,较别的国家的绘画是迥然不同的"言论受到很多人的赞同,有些原本平时对傅抱石不太友好的老画家和教师同行们也非常赞同他的意见。由于傅抱石中流砥柱的作用,加之受到大家的支持,南京师范学院美术系成为了当时唯一保持中国画名称,并且坚决维护传统国画教学的学校美术系。他的努力引起了各方面的重视,政府也特别给予支持,专门拨款救助了一些生活陷入极度困难中的国画家,还有很多本来被迫离开的画家重新归队,工作也得到了安排。1953年,南师美术系成立了中国画教研室,傅抱石被任命为教研室主任。之前,他还是只教理论课,在此非常时期,他反倒毅然教起了国画,带领着学生们用绘画实践无声胜有声地表明了自己的艺术态度。

然而,20世纪50年代,一个运动接着一个运动,傅抱石都被当做重点打击的对象。先是镇反,再是1951年末的"三反"政治运动,随后进行知识分子思想改造运动,反胡风,反右倾机会主义……很多运动蔓延到学校,政治空气非常紧张。于是,大家说话小心谨慎,能避免的就尽量避免。傅抱石毕竟是从旧社会过来的人,而且因为曾加入过国民党的经历,虽然当年他很快就愤然退出了国民党,但是他在国民政府的三厅工作过,因为工作关系与国民党许多上层人物都有过交往。这自然成为一些人揪住不放的把柄。傅抱石对此却非常坦然,他依旧保持敢作敢为的作风,只要是真话,他就敢讲。他可以说自己与郭沫若先生的关系,也毫不避讳地谈与张道藩、陈立夫的关系。有一次,他到扬州讲演篆刻艺术,说着说着就讲到了齐白石为蒋介石刻的"蒋中正印",他竟然毫不避讳地说那四个字刻得好极了。知道此事的朋友们都为他捏了一把汗,他有个学生甚至直接问他怎么敢举这个例子。傅抱石回答说:"我谈的是那印章的艺术啊!"他对艺术向来实话实说,但正因为此,每一次运动来时,傅抱石都要付出很大的代价。

由于张道藩在重庆和南京期间曾组织文化运动委员会,当时傅抱石去做了秘书,又与张道藩经常来往,这便成了他的一大罪状,上面要求他必须做长期检查,认真交代。当时,傅抱石的朋友宋征殷教授的"问题"比他还要轻许多,都被逮捕坐了牢,这给了傅抱石不小的震动。宋征殷也曾在日本留学,于40年代回到祖国,在上海美专任教授。宋征殷年纪比傅抱石要小,但是同样精通美术史论,并且在油画方面有很深的造诣。傅抱石爱结识艺术人才,对宋征殷又很欣赏,一来二去两人成为了至交。宋征殷的"问题"主要出在他后来到南京创办的一所名为"阿特里社"的艺术研究所上。其实,"阿特里"在法语中是"画室"的意思,但硬是被说成了特务组织。同时,张道藩组织文化运动委员会时,下面设有美术组,宋征殷又担任了副组长。这些陈年往事被一一揭发出来,宋征殷立即成了斗争的靶子。

宋征殷的事情让傅抱石谨慎起来,他每天上班时都得认真地写"认罪状",他写的"认罪状"最后比发表过的论文数量还要多。傅抱石不拘小节的性格让他平时得罪过一些人。谁都知道他生活简朴,穿着很随意,有些不修边幅。而烟酒却是他最大的嗜好,这让一些人始终看不惯。在生活小事上,傅抱石又常常不太注意,比如睡觉时鼾声很大,因为他住宾馆不肯要高级房间,经常跟很多人挤在一间房中,甚至几十个人睡在一个浴室里,与大家在一起,在他看来是一件好事,但是由于鼾声太大,常把别人吵得睡不着。有时候开会,他虽是主持会议,但当别人作长篇报告时,他也能在主席台上呼呼大睡,而且鼾声如雷。这些鸡毛蒜皮的小事情,一些人却耿耿于怀。于是,等到大会批判傅抱石时,那些人就站出来揭发他的"罪行"。同时,一些原本对傅抱石十分尊重的教师害怕被认为是"抱石同党",也不得已站出来"揭露"他。

正因为当时对旧社会知识分子走过的曲折道路的曲解,傅抱石受到了不公正的对待。当南京大学成立教育工会时,有人甚至认为他没资格加入工会。在艺术道路上,傅抱石当时也受到了许多批评和攻击。有人说他的作品"色调灰暗"、"缺乏阳光"、"缺乏时代感"等等。就在这样艰难的时候,他却还想着帮助受到打击的朋友。当时宋征殷虽然写了很多"交代材料",但是都无法通过,这时候的宋征殷成了大家都不敢靠近的人物。只有傅抱石时常安慰他。傅抱石写的交待材料太多,逐渐有了一些经验。他便每天傍晚跑到宋征殷的家中,和他一起商量怎么写、用什么语言来写才能通过审查。宋征殷写完后,傅抱石都要帮他再看一遍,提出一些建议。宋征殷先生后来回忆说:"获悉'思想改造'以我为重点后,他(指傅抱石)是唯一真正想帮我渡过难关的人。""在最紧张的那些日子里,每天傍晚他都到我的住所看我的交代材料……"①当宋征殷在成贤街礼堂上千人的大会上,上台交代问题的时候,傅抱石就坐在第一排的正中给他打气。傅抱石认真地听宋征殷说的每一句话,为了让他在作长篇"交代检查"的过程中能够增添精神,将注意力集中起来,傅抱石竟然在众目睽睽之下,从震耳欲聋的口号声中走上前去,给宋征殷递上了一盒清凉油,并特意将盖子给他打开。虽然在"肃反运动"中,宋征殷最后还是被逮捕并关押了一年零三个月,但傅抱石的举动却无疑是对朋友宋征殷最大的精神支持。然而,傅抱石帮助宋征殷的举动又成了他的另一条"罪状",当对宋征殷实在查不出什么问题,将他释放以后,整肃的目标便瞄准了傅抱石。当时,从年轻人开刀,然后挖出"大号"也是常有的事情。后来,还是郭沫若先生出来讲了话,才保住了傅抱石。1957年,江丰因为"民族虚无主义"等一些问题被撤销党内外各种职务,各所大学的美术系和美术学院又纷纷将彩墨画系改回国画系,中国画的名称得以恢复,傅抱石可谓功不可没。他之所以能坚定地捍卫中国画,与他对中国画的认识和中国画史理论的深入了解密不可分。同时,傅抱石艺术立场坚定、执著抗争的精神,也深得人们的尊重。

---

① 山谷.艺术人生——走近大师·傅抱石.西泠印社出版社,2006年1月第1版.

傅抱石最初读到毛泽东的诗词是在解放前。那时候，他还生活在重庆金刚坡下，在一个漫天飞雪的日子里，他读到了毛泽东的名篇《沁园春·雪》。这一读之下，他心情激动非常，诗词中雄浑豪迈的气魄和高深的意境都将他深深感染。傅抱石素来喜欢画山水，又喜爱诗词，毛泽东境界阔大、气质豪迈的诗句在他的心里留下了深深的印记。这完全是一个艺术家对优秀的文学作品的正常的反应。毛泽东作为一代词人，在当代诗词创作中取得的成就是公认的。《沁园春·雪》当初在重庆文化界乃至全国产生过的轰动也足以说明毛泽东诗词中蕴含着强大的艺术魅力。1950年至1951年间，傅抱石一口气创作了《七律·长征诗意》、《沁园春·雪》、《清平乐·六盘山词意》。这三幅作品都是以毛泽东的诗词为背景的，并用傅抱石惯用的表现手法，将毛泽东诗词中最震撼人心的片段表现了出来。但这只是傅抱石以毛泽东的诗词意境为表现题材所进行的初期尝试，尚未找到最佳的结合点。不过，这却肇始着他在创作题材上的一次重要突破，他的尝试和探索当时是别人没有尝试过的。他在开毛泽东诗意画创作的先河之余，也为自己今后的艺术事业开辟了一条新的道路。这其中体现的，仍然是在艺术上不断创新的精神，他所进行的艺术实践，即使在今天看来，也仍然是非常有意义的，也是符合艺术创作规律的，不能因为对历史人物及历史评价的变迁，而影响对傅抱石该系列绘画艺术价值的判断。毛泽东诗意绘画作品在拍卖场上创下的业绩，也从一个方面说明了人们对这些作品历史价值和艺术价值的肯定。

傅抱石说:"我不能诗,但我喜欢读诗,也喜欢画诗。"他对诗意画一直有着很深的理解,他喜欢画家的诗,特别是石涛的。他认为:"从传统发展看,大概先有画而后有诗。到了唐初,诗画结合得很好。""它们——尽管立场站在统治阶级,而由于时代、社会影响,民族的热情是充满着的。"傅抱石继承了先辈画家们在诗意画方面的传统,更重要的是他在表达诗"意"上面下足了功夫。此后,傅抱石继续以毛泽东诗意或毛泽东诗词中提到的重大历史事件作为研究对象和题材,努力摆脱传统画法的束缚,力求用自己独特的笔墨与新题材相结合。1953年9月,傅抱石又接连创作了《抢渡大渡河》、《更喜岷山千里雪》,并以两幅作品参加北京北海公园内举办的全国第一届国画展。这两幅作品先后在《人民文学》、《江苏文艺》上发表,受到广泛好评。1954年,他以传统的手法创作了表现四季山水中的新生活画面的《四季山水》四条屏,从中透出了寻求新变的意向。到1956年的《鸡鸣寺》中,傅抱石对描绘新生活的山水画的探索路径已经趋于成形,出于该时期的画作,既有传统绘画的功底韵致,又处处透露着新时代、新社会的神采。这与时俱进的艺术探索,至今看来,仍有着鲜活的生命力,成为我们感受那个时代的精神气质不可或缺的标志之作。

1957年初,《诗刊》发表了毛泽东的十八首诗词,成为当时轰动全国的文化事件。这些诗词使傅抱石得以更系统地领略毛泽东诗词的艺术魅力。在当时,毛泽东的诗词的影响不仅遍及全国,而且越出国界。当时捷克有几个汉学家想把毛泽东的诗词翻译到捷克去,翻译的过程中遇到了一些理解上的问题,这些汉学家便通过一位曾在中央美院学习的捷克人,找到了擅画毛泽东诗意画的傅抱石。傅抱石在帮助他们解决问题的同时,也加深了自己对毛泽东诗词的认识与理解。1957年,毛泽东的《蝶恋花》发表。傅抱石曾跟臧克家等人一同交流读这首词的体会。1957年7月的《红旗》发表了郭沫若先生的《论浪漫主义和现实主义》一文,其中对这首词的解释,让傅抱石燃起了将"它"画出来的想法。

毛泽东的诗词在特殊的历史时期确确实实曾产生过巨大的影响,代表着那个时代诗词创作的高度,对于画家来说,画毛泽东诗意画既有着强大的吸引力,也是充满挑战的。傅抱石所作毛泽东诗词诗意画,是建立在尊重艺术创作规律基础上的真正意义上的创作,是一种心有所动、形之于画的严肃创作行为。即使是应邀为人民大会堂绘制的大型作品《江山如此多娇》,创作过程中受到各种因素的影响,但归根结底,那仍是一件艺术作品,它广受好评的奥秘,也正在于它是当代中国画中一件气势磅礴的国画精品,因之,不能因为题材或者创作起因,而简单地将其与那个时代的那些公式化、概念化的粗制滥造之作扯上任何联系。这些诗意画中,有诗情,有自我,和那些完全以服务现实政治为目的美术作品,境界之别,有如天渊。

傅抱石对画毛泽东的诗意画有其独特的见解,他认为画家要能够"深刻体会作者的愿意,不拘于迹象,自然合拍……其次,把全文的意思,全面画出来……全文包涵太多、太杂,不易在一幅之中联系起来。这种情况下,是允许画其中主要的一句、一联,或一部分的(孤立的画一句、一联、一部分也可以)。"①毛泽东的诗词总是将革命浪漫主义与革命的现实主义高度结合。傅抱石遵循着这样的精神,通过自己创造性的实践,为那个时期对画什么或者怎么画都搞不清,裹足不前的美术家们树立了一个鲜明的榜样。同时,为他自己,乃至于整个中国美术,提供了一条探索与变革的新尝试。

　　　　　东欧之旅

　　1957年5月,根据中国与捷克斯洛伐克和罗马尼亚的文化合作协定之1957年执行计划,1957年5月到8月,傅抱石受命率领包括其他画种的四名艺术家王临乙、阳太阳、特伟、刘继卣组成的中国美术家代表团,对罗马尼亚和捷克斯洛伐克进行为期三个月的访问。这是新中国成立以来第一次派美术家代表团出国访问,傅抱石担任代表团团长,这也是他在新中国成立后唯一一次出访活动。他们的主要任务是在浏览两国名胜古迹、欣赏风景、参观建设工地和工厂的同时,与对方美术界进行文化

---

① 傅抱石.创作毛主席诗词插图的几点体会.(傅抱石著.往往醉后.江苏文艺出版社,2006年1月第1版).

交流。

当傅抱石的作品《抢渡大渡河》与《更喜岷山千里雪》在全国展出时，他的名声已经在东欧传播开来。东欧美术界的同行们对傅抱石的作品赞赏有加，并多次要求与其见面，都被一向低调的傅抱石婉拒了。之后，捷克、波兰和原德意志民主共和国的画家们在全国美协秘书长华君武的陪同下，访问了江苏。在傅厚岗六号，他们终于见到了傅抱石。就这样，傅抱石在家中与远道而来的客人们进行了艺术交流。这些艺术家回到本国后，纷纷在刊物上发表文章介绍傅抱石和他的作品。

中国美术家代表团在东欧各国都受到了热情的欢迎和接待。他们参观了博物馆、纪念馆和其他许多艺术形式的展览，足迹遍及二十多个城市。自1935年傅抱石从日本回国后，一直没有出过国门。今天来到欧洲，面对异域风情，他感到一切都是那么新鲜。在罗马尼亚访问期间，应"文化科技协会"之约，傅抱石特地从古文化城"克鲁什"赶回布加勒斯特，作了《现代中国国画》的报告。傅抱石的发言并不长，他简明扼要地介绍了中国画取得的新成绩，然后便留下时间详细介绍世界和平奖金获得者、中国杰出画家齐白石先生的艺术。

报告会开得有声有色，十分成功。当傅抱石走出会场大门的时候，从林荫道旁走过来一位老妇人，她紧握傅抱石的双手，激动地说："这里的报告会我经常参加，但是唯有今天您的报告让我感到十分满意。我第一次欣赏到有高度成就的中国绘画和齐白石先生卓越动人的艺术。我实在满意极了，希望您回国后代我向伟大的中国人民致敬,向伟大的画家齐白石先生致敬……"①

  傅抱石一行来到康士坦查海滨,这里有许多疗养院,因此成为夏季各地人民前来休假的胜地。傅抱石对其中一个叫做"妈妈呀"(MAMAIA)的休养区印象特别深。这里风景迷人,却有着一个凄美动人的历史传说。很久很久以前,一群土耳其人俘虏了一个美丽的女子,为首的匪徒想尽办法要侮辱她,但是女子宁死不屈。最后女儿呼喊着"妈妈呀",追随母亲一同赴死,并用死亡粉碎了匪徒们的阴谋,这个传说体现了罗马尼亚人民与黑暗抗争的勇气和决心。在她死后,人们为了纪念她,用女儿死前的呼喊声作为当地的地名,就是"MAMAIA"。美术家代表团达到的时候,已是傍晚时分,傅抱石看着眼前点点沙鸥,自由地在反射着晚霞余晖的海面上飞翔,一座宏伟的近代建筑静静地矗立在海边的沙地旁,他的心中泛起了难以遏制的激动。傅抱石借着当时激动的情绪,画了几幅画稿,名称就叫做"康士坦查:'妈妈呀'海滨工人游泳生活",并用中文作了题跋:"康士坦查附近有疗养区,曰'妈妈呀',盖从一悲壮故事得名。八月三日余自布加勒斯特来,右望即康士坦查城。八月五日,抱石并记。"

  中国美术家代表团此行的目的主要是美术交流,除了向东欧人民介绍中国美术之外,也带着学习和借鉴东欧美术精华的使命。参观美术展览正是重要的学习途径之一。傅抱石他们很

---

  ① 傅抱石.回忆片片.(傅抱石.往往醉后.江苏文艺出版社,2006年1月第1版).

幸运,到布加勒斯特不久便碰上了罗马尼亚国家博物馆举行鲁其安的画展。这个画展的地点就在傅抱石一行人的居住地的旁边。几乎每天进出居住地时,傅抱石都能看到一幅两三米高的模仿画家签名的、非常惹人注意的画展海报。虽然来到这里之前,傅抱石还没有注意到这位大师活动的时代和历史地位,还有对罗马尼亚美术界乃至社会艺术发展的影响,但他还是腾出时间,特地去参观了一番。

傅抱石是学中国画的,对油画并没有什么研究。可是,凭着艺术家的悟性,他看到鲁其安作品中那些柔美而生机勃勃的景物,却十分能够欣赏。

傅抱石此行还遇上了罗马尼亚现实主义大师格里高莱斯库的画展。画展展出了这位大师一生中的主要杰作一百五十多件。在此之前,傅抱石已经在另一个陈列着不少世界名画的小型陈列馆里欣赏到了格里高莱斯库的作品。那个陈列馆里还陈列有毕加索、马提斯等世界级大师的作品。中国的绘画大师和世界的绘画大师,通过这种方式相遇,在当时的中国画家中,这样的机会是非常难得的。

根据文化交流的协定,中国美术家代表团成员要在当地进行现场写生创作,并在当地举办展览。中国艺术家到达布加勒斯特的时候,罗马尼亚文化部的负责人热情地邀请中国画家们用手中的画笔来反映他们国家的人文风情。对于第一次来到东欧,不太了解外国风景和建筑风格的傅抱石来说,这样的要求多少是个挑战。用中国画的传统形式和技法来表现全新的、缺乏感受的东西是一个全新的尝试，短期内为画展提供足够量的艺术品，对创作者来说也是一个不小的压力。但傅抱石不怕挑战、不惧压力，在短短三个月的时间里，他调整好状态，一直保持着旺盛的创作激情，在紧张的参访之余，完成了五十一幅水墨画写生作品，另外还有大量的铅笔速写。其中，在捷克斯洛伐克期间完成了三十幅，在罗马尼亚完成二十一幅。这五十一幅作品中，不乏精品佳作，如《布拉格宫》《斯摩列尼兹宫大门》《西那业城中俯瞰》《美丽的国都布拉格》《多瑙河畔》《比加兹水电站大坝工程》《古文化城克罗什》《TATRA山麓饭店推窗一望》等等，都被视作傅抱石"东欧系列"作品中的代表之作，也是研究傅抱石一生创作不能忽略的作品。

在傅抱石的艺术生涯中，有许多重要的写生活动，比如之后的率团二万三千里写生、东北写生等，他也曾尝试着带领学生到南京郊外采风。然而需要指出的是，他并没有像其他人那样直接描绘热闹的社会生产、生活的画面，更没有原封不动地、亦步亦趋地照搬现实景物，而是坚持用一些现代的点景式的人物、事物来表现新的社会生活的主题。这使他的创作有别于同时代人那种与现实的亦步亦趋，因之也使他的作品能够经受住时间的淘洗，而与那种机械地表现生活，甘当时代精神传声筒形成明显的差异，这既出于艺术观念的分野，也和艺术表现功力的不同有着必然的关联。虽然时移世易，时过境迁，我们再看傅抱石那个时期的作品，仍能感受到其中所包含的独立的个性与艺术魅力。

傅二石在回忆其父傅抱石对写生的看法时，说到傅抱石一再强调"（写生）要用脑，不要光用眼"，自然景物变化莫测，如果只用眼睛盯住景物，看到什么画什么，那么在他看来就是极其愚蠢的，所以傅抱石坚决要求不能"把自己当做照相机，你是画家，更是中国画家"。由此可见，傅抱石并不喜欢用水墨画的方式对着景物写生作画。甚至可以说，傅抱石作为中国美术家代表团的团长，到东欧访问，因受对方要求进行的现场作画活动是多少有些出于无奈的。但是，他以一个风格成熟的绘画大师的高超水平，却借这次机会进行了前所未有的尝试，为中国画材质所作的写生开辟了一条新鲜的道路。他在探索中总结了许多经验，认为"速写帮助记忆"非常重要，要对那些具有典型特征的景物进行细致的描绘。在他的写生速写之前，脑海中总会提前为接下来的创作构思出一个完整的构图。如果在绘画过程中有些色彩和形态无法再先期进行简单的、常用的处理，那么他还会用文字和符号加以记录。同时，他对某一景物并不会被动地、局限地描绘，而是边走边看，边走边画，反复寻找"根据自己需要找景致画速写"，即使当时没能完成，也可以为以后创作留下必要的素材和记述。傅抱石回国后，在教自己的学生写实创作的办法时，也说道："每到一个地方写生，千万不要看到一处风景很动人，马上就坐下来画，把看到的风景如实地搬上画夹。"因此，他再次带领学生写生时，都是先尽情地玩，把一座山或者一处地方，上上下下地跑个几遍。从不同的位置和角度观察，在脑袋里存下整体感觉，再逐层逐步地观察细节，分析主要特征，直到对所要画的对象有了完整的了解和清晰的认识，才开始动笔。

傅抱石早在日本留学期间，就买了一本《地质勘探学》的书，并独自参考这本书编译成一册《写山要法》。外出时，他也经常带着地质学的书,在观察具体自然景观时加以对比。这样一来,他不仅能找到景物形态变化的规律,还能以科学的态度正确分析和判断这些变化的由来,达到对景物了然于胸的目的。他的学生沈左尧在《傅抱石的艺术成就》一文中有如下评说:"把中国的山水画技法同现代的地质科学联系起来,他是第一人,从这个意义上讲,先生又是一位科学家。"

  这一次的东欧之行,在国与国,乃至中国美术与欧洲美术的交流方面建立了重要的基础。傅抱石以一个中国画家的精湛画技与艺术智慧,扩大了中国画和中国美术对世界的影响,也促进了中国画对外来艺术特性的吸收和利用。同时,对于傅抱石自身而言,他也以实践掌握了更多更好地对现实生活的表现方式。傅二石对父亲的写实创作有这样的总结:"你想画中国画就必须懂得中国画家观察事物的方法。中国画贵在神似,而不是只追求形似。因此,在观察大自然的时候,最重要的是把握对象特征,理解对象的本质。画速写可以帮助记忆,但一定要对所画的对象有充分的理解和感受。速写中的每一根线条都应该体现出这种理解和感受,而不仅仅是表示着物体的形状。只有这样,速写才能有助于你的创作。你也才能够画出真正的中国画来。"[①]傅抱石为创作所做的努力和其达到的成就,正是由这种追求美术真谛的精神支持着的。

---

  ① 山谷.艺术人生——走近大师·傅抱石.西泠印社出版社,2007年6月第1版。

四　　江山如此多娇

◎ 傅抱石和关山月，1961 年摄于北京

为了迎接中华人民共和国建国十年大庆，展示新中国建国十年以来所取得的光辉成就，1958 年北京开始建设人民大会堂、历史博物馆、民族文化宫、北京火车站等一批具有时代意义的建筑物。这些建筑在短短一两年内完成。之后，要进行内部装饰。特别是作为国家最高权力机关——全国人民代表大会活动场所的人民大会堂，更是代表国家形象的重要标志性建筑，同时是面向世界的重要窗口。为了保证内部装饰的质量和水平，国务院决定，由中国美术家协会和荣宝斋担当此次为建筑物内部制作

装饰画的任务。经过反复斟酌,最后提名由南京画家傅抱石和广州画家关山月共同担当此任,北京老字号画室荣宝斋负责物资保障和装裱等辅助工作。

这幅画将挂在人民大会堂宴会厅对面台阶的墙壁上,需高六点五米,宽九米。经过充分酝酿,傅抱石和关山月两位画家集中多方意见,最后由周恩来决定以毛泽东的诗词《沁园春·雪》为主题,画名就定为"江山如此多娇"。

接到通知时,傅抱石刚从毛泽东故乡韶山作画归来,于是他马不停蹄,匆匆赶往北京与关山月会合,下榻在距离人民大会堂不远的东方饭店。根据相关部门的计划,留给两位艺术家的创作时间只有短短的四个月。四个月里要完成一幅空前巨大的画作,两位艺术家都感到十分紧迫。从作画方式来看,两个人在一起创作,如何分工,如何协调,如何进行艺术风格的磨合,都是摆在他们面前的艰巨课题。两人的画风明显不同,也从未在一起合作过,对规定的题材、主题的认识,艺术构思和笔墨的协调把握,都需要时间来沟通。两位艺术家对门而居,朝夕相处,通过几天的交流,他们惊喜地发现彼此的艺术观点其实相当接近,创作构思方面完全可以相互补充,笔墨精神的相得益彰是两个人共同的向往和理想追求,思路吻合了,两个人立即动手,很快合力拿出了初稿。

不过在构思的开始阶段,由于拘泥于毛泽东《沁园春·雪》中的具体描述,两人的前三次草稿统统没有通过。陈毅副总理、郭沫若、吴晗等领导人看了初稿之后,提出了很多宝贵的意见和建议。郭沫若在讨论中提出,如果局限在"北国风光,千里冰封,

◎ 傅抱石在创作《江山如此多娇》

万里雪飘"的"咏雪"的层次意境上,作品就缺乏扩展性。《沁园春·雪》是通过"咏雪"来描写祖国江山的辽阔广大,多姿多彩,而引申到英雄人物为她献身的壮烈场景,完美地表现了全国人民革命乐观主义的豪迈气概。毛泽东写这首词的时候,全国还没有解放,词里"须晴日,看红装素裹,分外妖娆",是当时的意境。而现在作画的时候,全国已经解放,太阳已经出来,东方已经红了。所以,画面一定要有一轮红日当空。祖国是如此辽阔广大,江南沃土上盛开着万紫千红的百花,喜马拉雅山上还是白雪皑皑。这也是中国幅员辽阔的地理特征所决定。所以作画的时候要涵盖所有内容于一身。经过反复推敲研究,最后,大家一致敲定,画面上一定要有白雪和太阳同时出现,并且画面要涵盖出东西南北的不同地域、不同季节,并不会让人感到矛盾和不协调。现在看来,此画可谓是史无前例地集合了伟人、诗人、历史家、画家的共同创意,它必将同毛泽东的《沁园春·雪》这首词一样,被载入史册。

在创意敲定后,经过傅抱石和关山月再三斟酌,拟定出初稿。开始两人只着重地考虑到画面太大,不易处理,希望太阳尽量小一点,可是没考虑到画的实际效果和与建筑物的结合。初稿画好,拿到现场审核,发现一系列原来他们自己都想象不到的问题。周总理和各位领导同志过来一看,就给他们提出了很多宝贵的提示和精辟的建议,如太阳画得太小了,特别是从八公尺宽的楼梯下面看上去,简直像个鸭蛋,根本不能体现出"东方红"的思想。画面太小了,天空灰调子太大,与宏伟的建筑物显得不相称……后来中央负责本次作画任务的同志提出,应该把画面加高加宽,把太阳画大,不妨夸张一点,让人一眼看到就感觉"东方红,太阳升"的伟大气魄。回去后,傅抱石和关山月很快动手,把初稿的画面又加大,把雪山加高,把太阳画得更大一些,让阳光普照大地。修改后的初稿顺利通过了周恩来的审核。提交给毛泽东后,他再次提出了一些修改意见。傅抱石和关山月再次进行修改,最终定下了初稿。

从草稿的确定到完成,是一个浩繁的艺术创作过程,把稿子扩大为高六点五米、宽九米的巨幅更不是一件容易的事。为了保证创作的顺利进行,并达到最佳效果,荣宝斋提供了珍藏的古墨和丈二匹宣纸以及最好的颜料。这些丈二匹宣纸,是乾隆年间珍藏下来,每张宽一点四七米,高三点六二米。傅抱石回忆起这些画纸,感慨万千:"我在抗日战争前弄到三张,宝贝似的带回重庆,日寇投降后,又带回南京,总不舍得画,也不敢轻易画,实在是没必要画。"而其实傅抱石个人的绘画作品当中,大多数时候都是有他个人特有的作画习惯和纸张选择的。傅抱石在前期的作品当中,画人物的时候喜欢用宣纸,而山水画喜欢用皮纸。自1956年后,傅抱石一般都是用从荣宝斋购得的乾隆皮纸和乾隆丈二匹宣纸作画。根据傅抱石不同时期用的纸张,特别是贵阳皮纸、乾隆皮纸和乾隆丈二匹宣纸,都是现在伪造者无法获得的,这也是鉴别傅抱石真迹的重要依据之一。

荣宝斋为完成国画毫不吝啬,光是丈二匹宣纸,就提供了近百张。其后特制了几支杆长一米多的巨笔。因为篇幅巨大,所耗颜料多,因此颜料是用大号洗脸盆盛的,地上摆的盆有五六个。此外还派专人给画家当助手,做研墨、调配颜色、备纸、抻纸、涮笔等工作。

画纸的展开也由荣宝斋派专人在地板上糊一层牛皮纸,然后在上面垫上几层宣纸做画底,最后再在上面把画纸接好,扯平。由于画纸巨大,根本无法把画纸放在画架上按通常的绘画手法作画,只能将纸铺在地板上画,所以,绘画过程也是一种艰苦的体力劳动。荣宝斋的张贵桐和刘金涛,随时在画心上垫上厚厚的宣纸,让两位画家站在垫着的纸上作画而不会踩踏到画的其他部分。他们所使用的画笔也分很多种,有的画笔笔杆像扫帚的木把那么粗;颜料的颜色和墨色分深、浅、浓、淡好几种,有时候掌握不好,应该画淡的地方画深了或出现误笔,协同的张、刘二人就把这块地方挖去，补上白纸重新画。挖掉的部分补上后需要接纸。接纸也是一项非常不易的工作，补纸的时候，横竖纹路首先对齐，由于纸厚赛铜钱，所以在接口的周围需先用手搓去纸的半层，使上下厚度保持一致，对好接口后再把接口处用毛笔均匀地刷上糨糊，细心连好晾干，这样才回到一张完整的纸。重新画好后，几乎看不出这是挖补以后重新画的。画画过程当中，画家每完成一部分，助手们就立即托裱抻平，让两位画家看效果，如果不满意便可以立即做修改。

这是中国现代绘画史上一个罕见的大工程，它也堪称协同创作的一个范例。关山月先生在一篇文章中记述道："装池这么大的画，是没有先例的，是个难度巨大的课题。在这一点上，他们是有发明创造的。他们想尽办法，凭借他们多年的实践经验，在画背面裱上多层经纬的绫绢，使拉力平衡，解决了防止巨丈画幅爆裂的问题。在制作的整个过程，一直离不开装裱师傅们的协作，从接纸、修补，到画好后（未装裱前）要挂到现场让周总理审查，全靠他们操作……我们怎能忘记他们的一份功劳呢！"

傅抱石和关山月二人在荣宝斋的大力协助下，在东方饭店二楼大厅纵情创作，二人虽然风格不同，但配合却是珠联璧合、天衣无缝。画面上，关山月细致柔和的岭南风格与傅抱石的奔放、深厚浑然一体，同时又各具特色。创作过程中，要动用巨大的特制笔，这也是一次新的尝试。画中傅抱石对自己擅长画的大江流水"一泻千里"的篇幅，用自己独创的"抱石皴"法，以"排山倒海"之势，书写山石和长城；而关山月对自己熟悉的西北雪山和苍茫劲松进行刻画，细腻而豪迈。两人不舍昼夜地工作，白天画画,晚上讨论画中需要修改的细节,第二天加以修正。通过共同的努力,保证了这幅前无古人的巨作在如此短的时间内顺利完成。

在经历了四个月的苦战之后,9月中旬,巨作《江山如此多娇》初步完成。接下来是首次试挂,接受领导和专家的公评。试挂的前一天晚上,两位画家都难以抑制心中紧张的情绪,继续搜寻画面上的不足,连夜奋战,把每一个不完美的细节都拿出来讨论一番,并加以弥补,唯恐出错。

画被挂到既定位置后,两人顿觉问题多多,由于人民大会堂宴会厅的雄伟空旷,这幅七米多长的巨画居然凸显出一些原先室内没有觉察出的缺点——显得细节有余而雄伟不足。两人忐忑不安,等待周总理的到来。

周恩来总理来到现场,听完了关于巨画的创作情况的简单介绍后,他登上汉白玉台阶,站在《江山如此多娇》的正面仔细研究,从远到近,从上到下,从左到右,时而凝视,时而和身旁的陈毅交换意见,看了足足有一个小时,这才露出笑容,对两位画家说道:"我和陈老总的意见一样,都觉得画得好,我们觉得很满意,画得很有气势嘛!"但稍作停顿,周总理望着两位画家,又说:"这个红太阳太小了,肯定显示不出她的雄伟,其象征意义也就显示不出来了!你们看,我说的对不对?"总理又直截了当地建议他们说,"画也小了,加高一米,加宽两米,太阳再成倍加大"。[①]

[①] 王晔. 史无前例的国画合作——人民大会堂《江山如此多娇》创作始末.(傅抱石研究会编. 傅抱石研究文集. 上海书画出版社,2009年12月第1版)。

◎《江山如此多娇》(傅抱石、关山月合作),作于1959年

事业巅峰:搜尽奇峰造真境

听到总理的夸奖，两人感到非常高兴，对总理的中肯建议，傅抱石与关山月两人也完全认同。由于时间紧迫，两位艺术家更加废寝忘食。太阳太小，放大了好几次都觉得不够大。最后还是傅抱石灵机一动，用大纸剪出一个直径一米的原型比划了一下，这才放大到位。加上将画幅加宽加高，完成此次修改，已是9月下旬。

作画完成后，下道工序就是请荣宝斋装裱了。这道工序非常困难，因为建国至今，如此巨大的国画装裱还是第一次。荣宝斋不敢怠慢，由骨干张贵桐和刘金涛负责。他们在画心上的工作需要时刻小心，因为稍不留意就会踩坏画心。张贵桐先把大画心卷好，整幅反过来，画心朝下，用特制的刷子把画心刷平，再用排笔蘸上稀糨糊刷在画心背后，然后托上一层宣纸。他们不分昼夜地连续工作了十几个小时，才完成这道工序。下一道工序是晾干再细心地用清水均匀泼洒在背面，然后拉平画纸。用糨糊固定四边，待整幅画平整后再将画面朝上放置。画心的修整工作完成过后，两位画家发现连先前补过的地方都看不出痕迹，不由得赞叹裱画师傅有"搬山填海、偷天换日"的能力。

接下来就是装裱画心了。裁好画心后的尺寸为高五点六五米，宽九米。先在画心四周镶上养局，再镶上宋锦。装裱完成后，画高六米五，宽约十米。等镶好后再翻过画心，将背面用高丽纸和宣纸反复加厚，为保证巨画的稳定性，共糊了十层纸张。然后再在四角刷糨糊进行整平晾干等工序。三四天后，画片才得以干透。张贵桐仔细检查后确定裱画无误，硬度合格，才将画片卷起包好。请示人民大会堂相关领导挂画粘贴。

巨画经过荣宝斋的装裱，卷起后，连绵边十米有余，要从北京宣武区东方宾馆运送到人民大会堂宴会厅也是一项巨大的工作。由于巨画长度太长，汽车没有办法运载，只有人工搬运。当日天公不作美，竟下起雨来。最后由荣宝斋派二十多位工人用防雨材料包好，协力抬过去。二十人小心翼翼地抬着这幅长达十几米的巨画，好像舞龙队，一路引来路人的驻足围观。

到了人民大会堂，已是晚上十点。稍事休息后，开始贴画工作，由于画幅过于庞大，粘贴时动用十八人，最上面的六人往上拉画片，中间的四人托住，五个人自上而下刷糨糊，另外三个人同时往画片背后刷水保证湿度以便画片能正常地粘贴到墙上。画片由卷曲状一段一段地往下放，放一段刷一段。巨画在荣宝斋众人有条不紊地通力合作下，于夜里两点左右终于挂好。画挂好时距建国十周年大庆之日已不足两天时间。

与此同时，毛泽东从外地回京。时任中央办公厅主任的齐燕铭闻讯后立刻请示，让毛主席题写画名。据考证，当年毛主席连夜用带有"中共中央办公厅"红头字的特制宣纸，每张写一个字，挥毫题上"江山如此多娇"六个行草大字，连写两遍共十二页，并从两套十二页的字中用圈圈出自认为好的六个字来，作为画名专用。第二天，由中央工艺美术学院张正宇教授将字从左到右排好后，再由大北照相馆拍摄并用整张相纸放大，每字接近一米。最后，由北京美术公司国画家、《江山如此多娇》创作的二位研墨者之一的李方白和年轻画匠沈左尧爬上脚手架分工摹写。至此，《江山如此多娇》历经四个月，在多方的合力协助下，终于大功告成。

这幅气势非凡、意味深邃的巨画,自 1959 年以来,感染了多少在这里从事国务活动的精英和有幸进入人民大会堂的人们,以及来访的各国嘉宾。尽管当年荣宝斋的装裱完美无缺,但随着时间的推移,在三十三年后,巨画还是出现了自然损坏。为了使这幅巨作受到应有的保护,1992 年时任全国人大常委会副委员长的彭冲建议重新临摹一幅,代替原作在人民大会堂继续"服役"。原画作为历史文物交历史博物馆永久保存。

由谁来临摹呢?傅抱石已逝世二十多年;另一位作者关山月年近八十,不堪此劳。有关方面曾想请同是金陵派画家且熟悉傅抱石先生风格的宋文治先生,后中央艺术学院和上海国画院等单位也跃跃欲试。因为临摹这种复制性工作必须忠于原作,经过层层筛选,几番周折,最后决定由当年负责装裱的荣宝斋完成临摹任务,毕竟荣宝斋在临摹方面有着得天独厚的优势。临摹的重担最后由荣宝斋的画家孙树梅、米景扬带领两位青年担当。在人民大会堂他们先用透明的软胶片置于原作之上,并将原作的轮廓用墨线勾在胶片上,再将胶片放在灯箱上,蒙上宣纸,将胶片上的轮廓线用铅笔勾在宣纸上,这就保证了临本的结构和原作的一致性。然后对照着原作,通过先前铅笔勾勒出的轮廓,再在宣纸上落墨、着色。临摹工作和创作时一样,都是用巨大的纸张铺地,人跪在地上完成,所以同样辛苦,临本装裱工作也是由荣宝斋负责。整个临摹、装裱工作由荣宝斋四十多人合力完成,即使如此众多的人手,也进行了一个多月的时间。

《江山如此多娇》这幅开国巨画,具有强烈的、明显的象征意义。首先,作品中的巍峨群峰,缀以苍劲青松,以表现新中国的稳定与安宁、生机和希望,展示了国家和民族的宏大气概;其次,画面右上方的红日,又红又圆,和银装素裹的背景相对比,显得格外醒目。对"红日"的渴望,是当时中国社会的共同期盼。最后,四季山水出现在同一画面,体现出生命生生不息的轮回与中国幅员辽阔的地理特点,同时,也表现出新中国宏大的气魄和广泛的包容力。

《江山如此多娇》以传统中国画的形式,描绘出中华大地雄奇的地域形象,表达了一个泱泱大国的襟抱与气度,被誉为1958年以后"革命现实主义和革命浪漫主义相结合"的最为著名的中国画作品。撇开这种标签式的评论,就画作的高远境界、纯熟技法、排山倒海的气势与撼人心魄的感染力等方面而言,这幅巨作也无疑堪称当代中国画最杰出的代表作之一。

当然,在谦逊的艺术家眼中,这幅巨作也并非尽如人意。

肆

转折与思变：新时代里新丹青

身为江苏省国画院院长的傅抱石率团,与钱松嵒、亚明、宋文治、魏紫熙等一行十三人,开始了他们的写生历程。万里写生路线为南京—郑州—洛阳—三门峡—西安—延安—华山—成都—乐山—峨眉山—重庆—三峡—武汉—长沙—韶山—广州,跨越六省十几个市,全程约为二万三千里。为期三个月。

一 二万三千里写生

1956年，毛泽东提出"百花齐放、百家争鸣"、"古为今用、洋为中用"、"推陈出新"等文艺方针，一时形成那个时代文学艺术的主旋律。中国画家们在这样的时代背景下，不甘平庸，在推动新山水画的发展上付出了极大的努力，推动了20世纪中期山水画的发展，把上世纪50年代初开始的以写生带动传统国画推陈出新的运动，推向了一个历史新高潮。当时的国画处境是艰难的，中国画画家对时代要求做出回应，展现中国画的实力及这种艺术与时俱进的活力，对于改善中国画这个画种的生存环境也具有重要的意义。当时的国画普遍被认为是毫无积极意义的东西，就算是享有盛誉的画家，画出的画也不可能对人民起教育作用。在那个特定的历史年代，画家们在不断地寻思国画出路的过程中，终于决定走出书斋，在自然中寻找出路，开始他们对于传统山水画"思变"的蜕化过程。在傅抱石之前，有李可染的江南写生，黎雄才、关山月的武汉防汛写生，石鲁的陕北写生等。

在此背景下，身为江苏省国画院院长的傅抱石率团，与钱松岩、亚明、宋文治、魏紫熙等一行十三人，开始了他们的写生历程。万里写生路线为南京—郑州—洛阳—三门峡—西安—延安—华山—成都—乐山—峨眉山—重庆—三峡—武汉—长沙—韶山—广州，跨越六省十几个市，全程约为二万三千里。为期三个月。

1960年9月15日，万里写生计划于南京火车站启程。火车于16日早上到达郑州。团中魏紫熙是河南人，与郑州艺术学院院长谢瑞阶早有交往。前往郑州之前，魏紫熙就和谢瑞阶通过电话，对方则主动承担起了接待任务。一行人下车后，谢瑞阶亲自到火车站迎接，画家们由于舟车劳顿，很快便到接待处休息、补觉。直至下午两点，傅抱石一行人在郑州艺术学院与学院的同志举行座谈，就如何以山水形式反映祖国日新月异的变化等课题进行了探讨。会后，艺术学院的同志准备了笔墨纸砚，大家作画讨论，彼此受益颇多。17日上午，写生团由谢瑞阶陪同，乘车前往郑州市文物工作队。大家参观完文物陈列馆，随后又参观了郑州红旗人民公社、敬老院等地。9月18日清晨，写生团离开郑州，前往下站洛阳。

18日下午，到达洛阳的写生团马不停蹄地前往距离洛阳城十二公里处的汉魏洛阳古城参观。9月20日，写生团乘车参观了洛阳之行最为激动人心的一站——龙门石窟。龙门石窟是闻名世界的艺术宝库，石窟开创于北魏孝文帝迁都洛阳前后，历经东西魏、北齐、北周、隋、唐四百多年的大规模建造，石窟内有无数的石像、题记、碑碣等，光佛塔就有三十九座。面对如此精妙的艺术品，傅抱石陶醉其中，仔细研摹，爱不能舍，盛赞"这是唐代雕塑艺术中的代表作，在同时代的世界艺术雕塑中堪称夺魁之作"。

9月21日12时,写生团动身前往三门峡。列车经过十几个小时的行驶,于22日早上到达三门峡工地。三门峡是黄河上的巨大水利工程。大坝建立在黄河上的几块礁石之上,礁石原本是黄河中的中流砥柱。新中国成立之初,在短短十年的时间里,中国人民凭借着高超的智慧,完成了水利工程的建设。傅抱石一行参观时,三门峡工程还没有完工,各路劳动大军正在挥汗如雨,工地上热气腾腾,来往的各种工作车辆穿梭不停,耸立在大坝上的大吊车吊装着混凝土向大坝浇筑,机器轰鸣声、工人喊声、大坝流水声响彻整个黄土工地。傅抱石去的时候恰逢大坝关闭蓄水,水库里的水非常平静,清澈见底。写生团见到此场景,一边是如诗如画的自然风光,一边是热火朝天的工作场地,无不被这新时代的奏鸣曲所打动。写生团所有师生在工地上来回观察,时而凝视宏伟大坝,时而眺望黄河,或各自寻找角度画速写,当时天气炎热,每个人都汗流浃背,但大家兴奋的劲头不减。随后,傅抱石一行人联系采访当地的老船工,了解黄河的变迁史。晚上回到住处,大家展开了激烈的讨论,大家关注的重心在于山水画如何突破,如何创作出体现时代特征的作品来。画家们纷纷表示,要努力解决当前问题,把山水画画出新的面貌。

作为写生团的成员之一,钱松嵒先生创作了一幅寓意深刻的作品——《禹王庙》,获得了大家的赞赏。

9月24日下午2时,写生团离开三门峡市,前往西安。25日,列车西去,午时,傅抱石一行到达西安。前来接待的是傅抱石的好友、大名鼎鼎的陕西画家带头人石鲁和美协西安分会秘书蔡亮。两人殷勤款待,知道傅抱石嗜酒如命,已经在写生团住处备好二斤西凤酒,让傅抱石很是高兴。下午,大家随傅抱石参观了石鲁先生的工作室。在石鲁先生的画室里,大家悉心观摩,深受启发。

  9月28日上午,写生团启程前往延安。路途中有些许变故,车至铜川境内,突然大雨滂沱,川原之上道路泥泞不堪,行车艰难。没办法,在等了三个小时后,雨终于停了,驾驶员小心翼翼地把车开到一个小镇上。当日天已入夜,无安身之处。作为招待方的石鲁很着急,四处寻觅落脚之处,最后在县政府的协助下,找到一女浴室做歇息地。傅抱石见有人面露难色,便对大家说:"我们出来是体验生活的,只要是个住处,就将就睡吧。"众画家遂拖着疲惫不堪的身体,和衣而卧。第二日一早,又继续高原之旅。午后,写生团来到黄陵县城北约一公里的桥山,桥山是闻名世界的"黄帝陵"所在地。大家下车瞻仰,边参观边进行速写。钱松嵒取材于此的《黄陵柏》就是此次参观的产物。晚上七点左右,到达延安。第二天下午,写生团一行开始参观,参观了延安博物馆与枣园等老一辈革命家居住过的地方。画家们参观速写两不误,收获颇丰。傅抱石的名作《枣园春色》就是此行带来的重大收获之一。

  10月1日是建国11年的国庆节,写生团在延安度过了一个难忘的国庆节。在国庆节期间,写生团又参观了延安红色大学、子长县城瓦窑堡镇、中央政治局会议会址,以及毛泽东、周恩来、张闻天、刘少奇旧居和宝塔山等地。傅抱石在此行中,酝酿完成了作品《延安宝塔山》。此后几天,写生团在延安各地收集材料,为以后的作画做充分的准备工作,著名的《陕北风光》就是傅抱石在洛川的黄土高原取景所得。

陕西的最后一站是华山。12日,傅抱石率团攀登华山,山势奇险,风光无限。这次华山之旅,为写生团成员的创作提供了大量宝贵的素材和创作的启发。

写生团结束了陕西之行,于10月17日到达成都。在四川省文联的安排下,写生团参观了杜甫草堂。在这里,他们偶遇著名作家巴金。巴金和傅抱石是旧交,抗战时在重庆两人就认识。巴金对傅抱石的绘画水平与艺术修养都很钦佩,而傅抱石对巴金的文学成就也是十分仰慕,两人遂成知己。此次相逢,两人的交谈内容自然离不开这次写生。巴金对江苏画家组织写生团走出画室的壮举给予了肯定与鼓励。

草堂之行给画家们带来了创作灵感。参观之后,写生团中的几位元老画家合作了一幅《草堂图》,该画如今已成为画史上公认的精品。其后两天,写生团又分别参观了武侯祠、望江楼、成都博物馆等地。23日,写生团离开成都,前往乐山、峨眉山。去了乐山,自然要去参观乐山大佛。乐山大佛坐落于乐山城东岷江东岸,是依着凌云山栖鸾峰临江峭壁雕琢而成的一尊弥勒坐像,又名凌云大佛,大佛头与山齐,高七十一米,宽十米,眼长三点三米,耳长七米,是世界上最大的石刻佛像。画家们面对佛像,内心受到极大的震撼。继乐山之后,大家又登临峨眉山,领略了这座天下名山的风采,画家们自然也不会错过这么宝贵的机会,忘我地采风作画。此次乐山、峨眉山之旅收获极大,钱松嵒先生抱病创作了《乐山凌云图》、魏紫熙画有《黄桷树下》,宋文治创作了《杜甫草堂水榭》,这些作品都在画坛上产生了重要影响。而傅抱石先前在华山游览取材时,完成了《漫游太华》,这是《待细把江山图画》的初稿。

11月2日,四川之旅结束,写生团离开成都,前往重庆。在重庆期间,写生团参观日程安排不紧,大家乘此机会整理先前在各地留下的素材,并创作作画。此时,年轻画家黄名芊希望向傅抱石借临《陕北风光》,傅抱石语重心长地对他说:"对于初学的人,最好不要临摹我的画,我的画是写天书,潦草。今天你若不看我画,可能会不知如何下手。"黄名芊深感傅抱石对后辈的关怀之情,便向傅抱石请教:"那么可临谁的画呢?"傅抱石回答:"初学者可临黎雄才先生的范本,他的山石树木从写生中得来,扎实严谨。"傅抱石嘴上这么说着,但还是善对晚辈,将自己的画借给黄名芊临摹。黄名芊临完画作,便将临摹作品放在地板上晾干。晚饭后,亚明来黄名芊房间做客,忽然发现《陕北风光》被丢在地上,不免责备起年轻人来。经黄名芊解释,才恍然大悟,当了解到傅抱石给予黄名芊的种种指教后,亚明对傅抱石的博大胸襟发出由衷的赞叹。

在重庆,写生团待了将近十天。这也是开始二万三千里写生以来,创作成果最丰富的一段时间。其间留下的精品之作,有傅抱石的《陕北风光》、《黄河清》、《山城雄姿》;亚明的《出院》、《延安老游击队员》、《铁水奔流》;钱松嵒的《红岩》初稿、《禹王庙》、《延安》;魏紫熙的《路边》、《支农》、《渡口》;宋文治的《峨眉山麓》、《嘉陵江上》;余彤甫的《峨眉山中》、《山城晓雾》等等。

11月14日,写生团结束山城重庆的创作生活,前往武汉。

14日一早,写生团在嘉陵江畔的朝天门码头乘船,往下驶去。沿途经过石宝寨、张飞庙、白帝城、三峡、巫峡、武汉长江大桥等名胜,经过两天的航行,抵达目的地武汉。中国美术协会湖北分会副会长张振铎率领湖北画家出面接待新朋友老相识,其乐融融。20日清晨,写生团带着收获,转往长沙。

写生团在长沙期间驻留的时间较长,参访之余,大家有充足的时间整理此前在各地采风积累的素材,并进行创作。从11月22日开始,画家们连续九天埋头创作,产生了一批新作品,这是继重庆以后又一次创作大丰收。12月3日,写生团启程前往二万三千里写生的最后一站——广州。

写生团12月3日晚上到达广州,计划在广州、海南岛等地开展为期二十天的写生活动。但预定的行程还没完成,突接来自江苏画院的电话,电话通知写生团速回南京,说是要精简机构,省画院也要精简,干部要下到基层,到农村第一线去。傅抱石闻讯,既诧异又有些气愤:"叫我也下去的话,我能干什么?吃白饭?"因为这样的变故,写生团匆匆结束了广东的参访行程。

至此,傅抱石率团二万三千里写生,带着成果,也带着些许遗憾,宣告结束。

傅抱石回到南京,当时已是天寒地冻。顾不得天气严寒,傅抱石迫不及待地开始整理沿途积累的素材,并酝酿创作。经过数月的创作加工,傅抱石推出了一批精彩的作品。

1961年5月上旬,写生团的主要成员在北京中国美术馆举行了由中国美术家协会和中国美术家协会江苏分会联合主办的江苏省国画写生团二万三千里写生"山河新貌"画展。中共宣传部、统战部、文化部,北京市党、政领导,中央美术学院、北京师院美术系、中央民族学院美术系,与文学艺术界的众多知名人士,以及美术爱好者纷纷来到美术馆参观这次国画展出。傅抱石在此次写生旅程中的精品之作包括《待细把江山图画》、《西陵峡》、《黄河清》、《枣园春色》、《红岩村》等,受到了参观者的一致好评。同时,参观者们对江苏画家们这一次出人才、出作品的写生壮举,给予了高度赞扬。中国文联主席郭沫若先生亲自来到美术

◎ 傅抱石作品《待细把江山图画》,作于 1961 年

馆,在观看了画展后,热情洋溢地提笔题诗:"真中有画画中真,笔底风云倍如神。西北东南游历遍,山河新貌貌如新。"中央美

术学院国画家教授叶浅予先生也对江苏画家的成果给予了充分的肯定,叶教授撰《刮目看山水》一文,发表在《美术》杂志上,文中写道:"新的山水画,既有内容的新,也有笔墨的新和意境的新。这次江苏的画家从二万三千里长征回来,得出一条结论:'思想变了,笔墨就不能不变',是一语道破了其中的真理。由此可见,思想不变,笔墨就难得变。要真正地创新,还是要思想走到前头。"国务院副总理陈毅元帅也来到中国美术馆,他仔细观看了每一幅作品,对傅抱石、钱松嵒、亚明等人在创作技法和思想上的革新,倍加赞赏。

新闻界也骚动起来,《人民日报》《光明日报》都争相以较大篇幅发表了"山河新貌"江苏画家傅抱石、钱松嵒、亚明、宋文治等画家的作品,并对二万三千里写生和随之诞生的这些作品给予了高度的评价,认为画作突破了旧笔墨的束缚,在传统的基础上展现了新的笔墨。

"山河新貌"画展一时间轰动了我国画坛,而由傅抱石率领的二万三千里写生为中国现代美术史留下了浓重的一笔。

二 东 北 行

二万三千里的旅行写生结出了丰硕的艺术果实,获得了广泛的好评。于是,在相关方面的安排下,傅抱石再一次踏上了旅行写生的征途,这次的目的地是东北。

1961年6月,傅抱石随中国美协赴东北三省美术写生团。在前往第一站长白山的途中,傅抱石即为沿途的风光所深深吸引,他兴致勃勃,逸兴遄飞,手不停挥,即兴创作,留下了许多珍贵的作品,《将到延边》《丰满道上》就是傅抱石捕捉途中瞬间的印象创作而成的。6月4日,傅抱石参观丰满水电站归来,大约下午四点,一行人乘汽车路过水坝。下坡时,傅抱石坐在副驾驶座视野开阔,只见四周山势起伏,抬头上观,高压电线交织在他的头顶。那一瞬间,傅抱石觉得眼前的一切不仅呈现出东北山水的雄奇壮观,也展现了东北电气化的崭新面貌,这激发了他强烈的创作冲动,当即拿出纸笔,速写、勾勒。后经过两个月的反复酝酿构思,傅抱石用粗笔画出了一幅具有强烈视觉冲击力的作品——《丰满道上》。该画大胆地打破了平稳安静的状况,把画面拉近,破开了构图的远焦点,真实地记录了他向前俯视所看到的"起伏山势"。而他仰望看到的纵横交错的高压电线,则安排在画卷的左下部,在尽量不破坏山水画整体风格的基础上,完美地把远方的山脉和现代高压电塔融合起来。既不离开传统,也不失现代感,如同一曲激情澎湃的乐章,令人叹为观止。《将到延边》取的是傅抱石6月11日前往延边的路上所观的情景。当时的情景给他留下了至深的印象,后来他在文章中对当时的情景进行了记述:"记得是六月十一日上午三时左右,天已有点亮了,我起来刚推开房门,只见霞光灿烂,满天满地一片红光,近处有几个朝鲜族妇女出来在水田边汲水。太动人了!原来这里多种水稻,由于季节较迟,绝大部分还没有插秧,所以天上的红霞把田里的水也照红了。"①这两幅画,在取材上不拘泥于常理,抓取灵感也都是在一瞬之间。尤其是《丰满路上》,其创作手法更是大胆而又独具匠心,显示出傅抱石与时俱变的创新意识与不泥成法、大胆突破的精神及支持创新的高超的艺术素养。

6月中旬,傅抱石抵达吉林省长白山林区。长白山位于吉林省延边安图县和长白市抚松县境内,是中朝两国的界山,被誉为中华十大名山之一,素有"千年积雪万年松,直上人间第一峰"的美誉。长白山海拔两千七百四十四米,闻名遐迩的天池位于山的绝顶处。其下有巨大的瀑布垂挂,雄伟壮观,气象宏伟。美术写生团一行二十多人从延边出发,但由于路途遥远,加上交通不便,车行整整一天都没有看到长白山,当晚投宿旧安图县城。第

---

① 傅抱石.东北写生杂忆.(傅抱石著.往往醉后.江苏文艺出版社,2006年1月第1版).

二日一早，才进入林区。又经数小时，下午五六点钟，才到达距离天池十公里左右的冰场。长途的奔波并没有降低傅抱石等人的兴致，对于新环境的好奇心激发了大家的热情，众人渴望立马开始登山，巴不得立刻登上山顶，饱览风光。

第二天，天朗气清。大家满怀兴奋，向天池进发。无奈山路难行，短短十公里的山路，用了将近两个小时的时间。随着天池越来越近，奇特的景色也次第呈现。长白山是一座休眠火山，历史上曾数次喷发，火山喷发形成了独特的地貌景观。

接近天池的时候，因为海拔较高，满地都是积雪，偶尔能看到类似马蜂窝的小石块，这些石头是火山喷发后的岩浆经过百年凝结而成，形状奇特，傅抱石拣了一些留作纪念。登上长白山顶，一派壮丽的景色展现眼前，茫茫苍苍的原始森林，风吹起地面上的雪形成漫天飞舞的雪粉，这些独特的景象，那未经雕琢的亘古的大自然，粗犷雄浑、苍茫浩翰的山岭，这一切令傅抱石眼界为之大开，心胸为之舒展，对于见惯了江南景色的画家来说，心中那种发现的喜悦，那种疆界被拓展了的感觉是无以言表的。创作的冲动也在心中涌动，他在观察，在思考，在构思，费尽心思地琢磨着天池、林海这些东西应该怎么画，怎么下手。

第二天，天气突变。6月的江南已经进入了夏天，可在这长白山上竟然下起了雨雪，气温随之骤降，写生团的成员们在半山腰的驻地围炉而坐。傅抱石后来才意识到，被困在山顶的这一天是端午节。大家穿着厚厚的衣服，躲在室内谈话烤火，度过了一个难忘的端午节。游长白山太困难了，即使是在全年气温较好的6月，长白山的天气依然是诡异多变。傅抱石后来以"兹游奇绝冠平生"来描述长白山之旅,概括此行给他留下的深刻印象。

傅抱石返回延边即开始构思长白山画作,长白山、天池、林海都是他准备在画作中重点表现的。但是怎么下笔,如何表现,这却是件颇费深思的事。画家创作山水作品,结构上的讲究,主要的构思安排,如不加合理构思布局,不分主从,信马由缰,是不可能出好画的。长白山不是群山,不以连绵不绝取胜,天池是一大亮点。但天池是一个火山口,细节如何处理?如果处理不好的话,容易变形。傅抱石感受到了挑战,他几次起笔作画,但每次都不满意。在单一画面上表现长白山,只能画出天池的一部分,根本无法全景展现长白山的雄姿,气势与境界始终难以体现出来。

回到长春,傅抱石请教了去过长白山的同志们,受到启发,经过不断分析,不断丰富和加深对长白山的认识和理解,思路逐步打开,对长白山的艺术感悟也在不断加强。新的创作思路渐次呈现——最后,他终于决定,采用长卷来画长白山。这种构思一旦成型,艺术家的创作即如江河奔腾,无可阻挡。用了五天时间,傅抱石完成了《天池林海》,这幅作品长宽比例达到 7 比 1,画面舒展,气势宏伟,气象万千。其后,傅抱石又创作了具有代表性的《白山林海》,该画以俯瞰的角度,展现了长白山林海苍茫的景象。他在画上题云:"白山林海。长白山天池下三公里处,四周展视,一片林海,远与天接。诚壮观也。六月十五日登天池,往还均驻足于此。"傅抱石关于长白山的作品还有《天池飞瀑》、《呵!长白山》、《林海雪原》、《长白山冰场》、《长白山再见》、《白山温泉》等等,均是美不胜收。

离开长白山,傅抱石一行于7月15日抵达黑龙江宁安。镜泊湖就在该县境内。该湖是中国最大、世界第二大高山堰塞湖。其形状是一个不规则的狭长形湖泊,从南至北全长一百多里。抗战期间,这里曾是东北抗联的根据地。傅抱石去游览时,此处才对外开放一两年,风景天然,人工痕迹很少。镜泊湖以前也是一个火山口,曲折蜿蜒,但又水平如镜,周围群山环抱,好像一块透明的玉石。傅抱石以前就多次听到他人对镜泊湖的描述,心中充满了向往。百闻不如一见,来到此地后,发现镜泊湖果然风景如画。他后来回忆道:"我游过一次湖,游过一次'飞泉'。镜泊湖的自然景色之美,对于一个喜欢画山水的人来说,是寤寐求之的。"① 傅抱石一路观赏镜泊泉,参观水电站工地、水产养殖场,兴致勃勃,激情澎湃。在湖的出口处,有将近二十米落差的瀑布。傅抱石第一次看到这种落差巨大的奇特瀑布景观,给他带来的视觉冲击是巨大的,"总有一种非画不可的冲动"。对于傅抱石来说,这次的旅程可谓终生难忘。

在十多天镜泊湖之旅中,傅抱石先后完成了《镜泊一角》、《水产养殖场》、《北湖头运木场》、《镜泊湖于建设中》、《镜泊飞泉》、《镜泊湖水电站进水口》等十多幅作品,题材涵盖了生产、建设、生活等诸多方面。这批作品中,最最引人瞩目的当数《镜泊飞泉》系列作品。《镜泊飞泉》作为傅抱石东北写生的代表作品,

---

① 傅抱石. 东北写生杂忆. (傅抱石. 往往醉后. 江苏文艺出版社,2006年1月第1版)

光题字就有两百余字,题云:"镜泊湖在牡丹江市宁安境,南北百数十里,曲折回护,风景绝胜,为东北抗联根据地之一。今夏得勾留湖上周余,幸也。迤北有瀑布,形势阔壮,雨后尤为奇观。七月十六日下午,随黑省画家暨省市工作同志十余人往,适湖水已涨,乃蹑足而过。方未百步,只闻如雷霆疾走,声震山谷,于是合肉眼所能触及之景,营为此帧。右下角出口即牡丹江也。愧余拙笔不足状其万一。其归也,三小时前蹑足而过之处,水已近腹矣!专区文联某同志毫不犹豫,背我过来,此情此景,我能忘之乎?我能不画乎?"从画家不厌其细的题字中,不难想见他对这一名胜游览经历的印象之深、感受之强烈。有了如此深刻的感受,才可能催生出如此重要的作品。

镜泊湖瀑布的雄伟,傅抱石在文章中不惜笔墨,给予了很高的评价:"我们去游的那天,正是雨后初晴,又是下午三点多钟,金色的阳光,正对着飞泉,澎湃雄壮,银色四溅,恍如雷霆万钧之势地冲岩而下。"傅抱石在创作随笔中也有相关描述:"大约下午三时光景,金色的太阳正射在瀑布上,银色四射,汹涌澎湃,犹如万匹白练凭空奔来,真是心为之悸,目为之眩,李太白的名句'疑是银河落九天',若移到镜泊湖,那再恰当也没有了。我目不暇接,手不停挥,匆匆勾出些草图。"①然而傅抱石意犹未尽,在1962年3月,又一次创作完成了直幅的《镜泊飞泉》。相较横幅

---

① 傅抱石. 东北写生杂忆. (傅抱石. 往往醉后. 江苏文艺出版社, 2006年1月第1版)

《镜泊飞泉》,直幅《镜泊飞泉》的构图更加集中。瀑布处于画幅左上侧占画面一半以上,"飞泉"宏大的气势更加突出,加强了"疑是银河落九天"的冲击感。傅抱石本来就擅长画山水、雨水,晚年更是画瀑成癖,乐此不疲,应与此次镜泊湖之行所获的深刻印象有着密切的关系。

之后,傅抱石辗转到煤都抚顺、钢都鞍山和海滨旅大三地,相继旅行写生。如果说《镜泊飞泉》系列作品是以自然性题材为主,那么在煤都、钢都的后续写生作品则是对社会性题材创作的一集中展示。傅抱石用笔锋将自然的意境引申到社会层面上来,进行了大胆的创新,表现了画家多方面的表现才能。《煤都壮观》、《煤都一瞥》就是这类作品的典型代表。这些画作中,作者依靠着对中国画笔墨的理解,大量采用多变的点染、皴擦、留白等创新创作手法,呈现出了适合新内容的表现形式,很好地解决了形式与内容的关系。他未采用浓墨泼洒的首发,而是以充满动感与力度的线条进行勾勒,画中的厂房、烟囱、电线杆、浓烟滚滚、大吊车、挖掘机、汽车、火车井然有序,将一个昂扬向上的现代工业场面生动地表现出来,做到了中国画以前不曾做,也不敢做的大胆探索与创新,形成了具有时代特点的独特意境。这种创新前无古人,傅抱石因其创作,被誉为"以中国画来表现煤矿的第一人"。

大连是傅抱石访问东北的最后一个城市,也是一行人逗留时间比较长的一个地方。傅抱石在那里总共待了二十三天。作为一座海滨城市,大连有着独特的景观和韵致。作为一个从未住过海边的人,傅抱石被海滨城市的生活深深吸引,并从中获得了不少新的体验,创作上也获得不少灵感,创作了一些作品。他描绘了旅大海港络绎不绝的景象,将那种独特的氛围表现得淋漓尽致。在老虎滩,傅抱石选取了渔港的一角作为自己表现的对象。他去老虎滩的那次,恰逢傍晚时分,正巧遇到旅大市教育工会组织教师休养活动。不同年龄的老师携着家人,来到这里度过幸福的假期,这种温馨的场面打动了傅抱石,并被他永久地定格在自己的画稿中。

写生团9月底回到北京,东北写生宣告圆满结束。此次东北之行,为期近四个月,足迹遍布长春、吉林、延边、长白山、哈尔滨、镜泊湖、沈阳、抚顺、旅大、牡丹江、鞍山、千山等地,行程四千多里。此行不仅创作成果丰硕,更主要的是,在傅抱石的作品中,出现了某种新的变化,"其命惟新"的艺术追求,有了新的体现。

以煤都之旅为例,傅抱石通过思考、探索,找到了绘画与当代现实的新的结合点,用画笔为那个时代留下了一张张独特的形象的记录。早在1959年盛夏,傅抱石就以石涛的一句名言"笔墨当随时代"为题,在《人民日报》发表了一篇对中国画变革需求的个人感言。在此次东北之行的数月前,傅抱石又在《人民日报》上发表了一封答友人的信,题为《思想变了,笔墨就不能不变》,这也是傅抱石在新时代对"笔墨当随时代"的一种解读。"脱离时代的笔墨,就不能称其为笔墨",作为该文的中心表达思想,也是对一年前发表的《笔墨当随时代》进一步的解释和阐述。也许用今天的眼光看来,东北写生之旅是组织安排,但这个过程却无疑促进了艺术家的创作,促进了画家艺术观念的丰富与改变。对当时的社会政治氛围可以做出新的历史评判、反思,但是对那些基于艺术规律的绘画创作,在今天看来,仍然散发着独特的艺术魅力,这是和画家正确处理现实需要和艺术理想之间的关系分不开的。书画不单可以描写一成不变的山水,随着时代的转变,书画也可以表现新的时代的进步、社会的发展。时代变了,画笔下的素材变了,感情也随之变了,通过新的生活感受,就不能把感情停留在原先的笔墨技法上,而必须寻找新的形式的技法,大胆赋予画作新的生命。傅抱石的此番写生创作过程,凸显了一个"变"字。当然,傅抱石一系列反应新题材画作的写生表现方式,可以上溯到1957年的东欧写生,那次东欧写生之旅,是傅抱石写生创作的转折点。傅抱石曾说:"在此(东欧写生)之前,还没有过对景写生的习惯,一点把握没有。"从此之后,这种写生的创作方式也成为傅抱石创作中一个不可分割的重要组成部分。

在当时新中国刚成立十周年的背景下,社会上的极左思潮在艺术界也大行其道,在各种政治口号下,艺术家的创作多少都受到了局限和影响。"厚今薄古"的口号在当时极具代表性。对这些违背艺术规律的事情,傅抱石反问道:"学国画不学传统学什么?学传统不学笔墨学什么?中国画离开笔墨又有什么?"他认为:"国画是不可能离开传统的,否则根本不能谈继承和发展,'厚今薄古'的说法有失偏颇。而学传统,不能只看古的一面,这种传统技巧的修习,若是没有附加的条件,我认为并不是画家之福,因为技巧固然是画家所必备,但画家的所有基础不完全建立在技巧之上,这在中国画上是绝对不能忽视的问题。"①体现了傅抱石对今与古、继承与创新的辩证理解。可以说,这次的东北旅行写生,是傅抱石艺术观念和创作时间"思变"的一次新的契机,他大胆地将自然和社会题材融入画中,为传统中国画注入了时代发展的新鲜血液,面貌大变。"思想变了,笔墨就不能不变",这种敢为天下先的创新精神和他所取得的艺术成就,使傅抱石在20世纪中期中国画发展史上占有重要的地位。

在东北写生期间,傅抱石共创作了百余幅作品,有盈尺小品,也有累丈巨幅;有精致的局部刻画,也有恢弘场面的描绘。虽然部分作品带有那个时代的政治印记,但由于画家对中国画丰厚的功底与修养,能够将传统与现实尽可能完美地结合起来,丰富了中国山水画。在写生过程当中,傅抱石创作了《绿满钢都》、《煤都壮观》、《煤都一瞥》等多幅场面浩大的、以生产建设为主题的作品,如今回过头来看,由于出自艺术家的真诚,也出自于画家对中国绘画基本规律的坚持与尊重,因之,虽然时过境迁,但这些作品仍具有观赏价值和极强的艺术生命力。有些作品曾被拿来配合当时的政治宣传,作为体现社会变化发展和建设成就的形象记录,但这些作品反映了传统中国画在新的时代条件下的改造、发展,是当代中国画发展历程中的一个无法割断的重要的环节,这个环节,对于中国画发展路径的探索,具有正

---

① 傅抱石著,山谷编.傅抱石谈中国画.中国青年出版社,2011年1月第1版。

面价值。在这个过程中,傅抱石"求变"的创作思想体现得淋漓尽致。山水画创作中表现现实,不仅是一种题材的拓展,而且是对中国绘画一种新的创造,生命力的一次焕发,对当代绘画影响至巨。傅抱石所做出的探索性贡献,也奠定了他在中国画改造的历史进程中的突出地位。

◎ 傅抱石作品《镜泊飞泉》,作于 1961 年

而以《镜泊飞泉》为主题的自然性题材,则是北方山水在傅抱石心灵中的激荡和映现。傅抱石性格里既有南方人的灵动聪慧,又有着北方人的豪爽旷达。镜泊湖系列的北方山水作品,即淋漓地体现了他奔放不羁和挥洒自如的气质。傅抱石这次在长白山、天池和镜泊湖等东北名胜之地,亲身感受了东北山水和南方中原地区的风格形态的不同,这一切给予他与此前不同的冲击。原先的作画方式在这次创作过程中也得到了丰富与提升,"抱石皴"得到了进一步的丰富和完善。他从大自然中得到新的启发和感悟,运笔提起,天马行空,作品风格向抽象的大写意方向发展。尤其是镜泊湖系列作品,在其最后四年的创作中具有极其重要的意义。晚年的傅抱石"画瀑成癖",在自己的书斋里

以"镜泊飞瀑"为题材,创作出了一批具有浪漫主义气质的作品,如《二老听瀑图》《满身苍翠惊高风》《四老观瀑图》《疑是银河落九天》等。

时隔一年,《吉林日报》以"北国风光、如此多娇"为题发表了傅抱石的《图们江边》《天池瀑布》和关山月《古墓逢春》《天池林海》。随后的《光明日报》《文汇报》《新华日报》等各大主流媒体也发表消息"描绘天池林海壮丽风光,傅抱石、关山月到吉林旅行写生"。11月1日,为期半个月的"傅抱石东北写生画展"在江苏省美术陈列馆开幕,汇报展出了他的写生作品三十八幅,再一次引起了强烈反响。

三 真 实 的 性 灵

在傅二石的记忆里,父亲与酒有着难以割断的关联。傅抱石饮酒作画的故事,也早已成为中国美术界广为流传的佳话。傅抱石爱酒,但真正养成饮酒习惯,应该从金刚坡生活的那段时期算起。

傅抱石一家在金刚坡住进了一个地主家的农舍里。那个农舍原本就是堆放杂物的偏屋,周围埋了很多酒坛子。地主见傅抱石是位艺术大师,也想与他交往,便时常拿个小勺调出一些酒来，请傅抱石品尝。两人一边聊一边喝，渐渐地，傅抱石的酒量就越来越大。傅二石曾回忆起当年给父亲打酒的情况，为我们留下了许多生动的细节："父亲酷爱饮酒。无论吃饭、作画都离不了酒，甚至在看书、写文章、与朋友聊天的时候也少不了酒。""我对父亲的'最大贡献'是到店铺替父亲打酒。"在金刚坡生活的傅抱石一家，生活还是比较拮据的，但在儿子看来傅抱石"对不同的酒好像并无什么偏好，茅台固然为其所爱，二锅头也一样喜欢"。① 正值抗战的艰难时期，金刚坡一带的乡村很难买到名牌酒，即使能买到，价格也高得惊人。傅抱石不愿自己这一嗜好影响到家人的正常生活，故而对酒的品质虽有偏好，却不挑剔。当然，他喝的酒，必须是白酒。离傅抱石居住地最近的店铺是在金刚坡下一条叫"坡脚"的小街上，那里可以买到散打的高粱酒。当地人的酿酒技术还是十分高超的，所以即便是在这穷乡僻壤的小店里散打的高粱酒，喝起来也让人感到妙不可言。在喝酒这件事情上，夫人罗时慧是开明的，因为她深知酒对于傅抱石的意义——在这闭塞的空间里，大概只有酒能激发傅抱石的创作灵感了。于是，她总在吃饭前交给儿子傅二石一个酒瓶和几个铜板，让他给父亲打酒。傅二石就光着脚丫朝小店跑去，老板看见二石跑来，就知道是来买酒的。于是，他打开酒坛子，在问清需要多少后，就用相应的量具开始往瓶子里装酒。傅抱石每次喝酒的量并不固定，有时候只要半斤，有时候却要一斤，全凭当

---

① 傅二石.金刚坡的回忆.(傅抱石研究会编.傅抱石研究文集.上海书画出版社，2009 年 12 月第 1 版。)

天的心情。不过他不喜欢低度酒,一次非得有个半斤老白干下肚,才算过了酒瘾,而且是度数越高才越解馋。有个趣闻说,有一回医生建议傅抱石不要再喝度数极高的白酒了,可以喝点啤酒。傅抱石断然拒绝:"啤酒是马尿,根本不能喝。"最后甚至于每当买酒回来,他都要倒出来一些,用火柴点上试试,一旦看到杯中冒起蓝色的火苗,他就大呼:"好酒。"有时候,家里有客人到访,他便给客人沏上一大杯茶,而随着谈兴越来越浓,他常会情不自禁地从柜子里取出白酒,给自己倒上满满一玻璃杯。聊完了,一大玻璃杯的白酒也就到了傅抱石的肚子里。傅抱石知识渊博,记忆力又好,在酒精的作用下,他的思维更被激发,教书出身的演讲口才再被发挥到极致,才思飞扬,妙语如珠,听者往往听得如痴如醉。

傅抱石喝酒之后会进入微醉的状态,乘着一股子酒兴,他可以把山川、人物的灵魂尽情挥洒在纸上。傅抱石刻有两方印章,一方为朱文一方为白文,一为长方一为正方,上面都刻了四个字"往往醉后"。他经常在一些创作的精品上钤上"往往醉后",但这些画作也并不都是喝醉之后的作品,只要仔细看他的这些作品,就能看出傅抱石只是对作品感到满意,甚至有些得意时,才会钤上这四个字。他对此也有过说明:"酒后往往露出天真的本性,这时自己的感情便会如喷泉一样涌现画面。"

女儿傅益瑶曾说父亲傅抱石的一生与两个"三点水"有不解之缘,其中一个是"汗",另一个便是"酒"。在傅益瑶年幼的时候,常常看见傅抱石大汗淋漓地作画的情景。尤其在夏天,画室里不免闷热，傅抱石常穿着一件中式的白布短褂，肩膀上搭着一条干毛巾。他作画时一旦构思完，起笔之后的作画速度是极快的，画了不一会儿就会满头大汗，白布短褂湿透了就贴在身上。身上的汗水顺着身体往下流也就算了，但是额头上的汗水淌下来会打湿画纸，傅抱石就随时拿起肩上的毛巾擦汗。有时候，天气热得实在厉害，罗时慧还会在傅抱石作画时将两条大毛巾垫在他的手臂下接汗，并不时帮他更换，可想而知他的汗水流得太多。郭沫若曾写过一篇文章，记录他在重庆拜访傅抱石的"金刚坡下山斋"的情景。他说那时候重庆的夏天太热，一同住在这里的文化名人们都不知道如何挨过炎热的天气，见到大汗淋漓的傅抱石，他才知道原来抱石是用汗水来解暑的。郭沫若的话自然带有老朋友间的玩笑意味，其实傅抱石老流汗与体质有关，由于从小生活条件差，身体没能打下好底子，加上他又极其刻苦用功，无论在少年时代为了上学远走家乡，还是日本期间的勤工俭学，或者是教书育人、写生探索等，他总是全力以赴，从不敢懈怠，这样一来，他的身体就难免不堪重负，出汗只是这种体质状况的外在表露。三十多岁时，傅抱石不管是睡在席子上还是床单上，早上起来的时候，都会现出人形的汗迹，这应该就是人们常说的虚汗。金刚坡生活期间，傅抱石之所以养成饮酒的嗜好，也与当时心中的烦闷有关。那期间，国家时局动荡，傅抱石作为一个具有爱国情怀的艺术家，胸中的抱负难以施展，便常以"杯中物自遣"。他在给朋友的信中说道："弟原能小饮，但不经常。抗战期间，由于种种原因，遂每日以杯中物自遣。有时从醒眼到闭眼，不入其他一滴，而只有大曲，于是习以为常，非此不办矣。

大约二十年来,此病渐深,每当忙乱、兴奋、紧张……非此不可。特别执笔在手,左手握玻璃杯,右手才能落纸。"①

  偶尔,傅抱石也有因为饮酒过量导致作画失败的情况。有一年除夕,傅抱石晚饭后心情十分愉快,于是,他又是一边喝酒一边摊开画纸开始作画。画的还是擅长的山水,由于酒精的作用,加上心情舒畅,他的泼墨幅度很大且淋漓尽致,山峦树木也皴染得得心应手。等画到深夜时,傅抱石停笔审视自己的作品,觉得画面层次分明,各种技法和细节的表达都让他感到很满意。于是就安心地睡去了。清晨醒来,傅抱石想到的第一件事便是去看自己昨晚的"得意之作"。可是,那幅画竟然怎么找也找不到了。傅抱石焦急万分,把妻子孩子们都喊来一同找。大家翻箱倒柜,桌上、椅子上、墙上、地上都找遍了,还是一无所获。接下来的几天里,傅抱石心情沮丧,为这幅心血之作的"不翼而飞"而烦恼。最后,他只得安慰自己,这幅画是如"神物飞去"了。没曾想到,有一次他打扫卫生时,居然在蚊帐顶上找到了那幅"作品"。原来那晚大醉之后,这幅画因为渲染过度而成了废纸,他自己把它揉成一团扔到蚊帐顶上去了,因为醉酒,自己一点也不记得了。

  这样的例子还不止一桩。1942年6月,傅抱石准备画一幅《龚半千与费密游》的画,同样可惜的是"把杯伸纸,未竟竟醉"。

---

① 山谷.艺术人生——走近大师·傅抱石.西泠印社出版社,2007年6月第1版。

傅抱石在画成之后，特意题上了生动的题记，他写道："深夜醒来，妻儿各拥衾睡熟，乃倾余茗，研墨成之。蛙声已嘶，天将晓矣。"

傅抱石微醉后，还时常找儿子傅二石的"茬"。二石小时候有些顽皮，没少和别的孩子打架，还喜欢上树掏小鸟和鸟蛋，有时候，衣服还被树枝划破。傅抱石见到儿子顽皮，就借着酒性对他加以训斥，有趣的是，骂着骂着还用上一些文言文或者成语，比如"无以复加"、"庙前庙后"等等，一时间让年幼的儿子如坠云里雾里。在二石的心目中，父亲是一位慈父，也是一位性情率真的人。

说傅抱石多才多艺一点也不夸张，他除了画画、治印、做学问，还会拉二胡、京胡，拉得像模像样，而且乐感极好。可是，由于他作画的名声太响，掩盖了其他的才艺。其实，在他的人生中，京胡和二胡一直不离左右，甚至在抗战逃难途中也没有丢弃。早在少年时代，他就是拉琴唱戏的好手，还曾经在南昌登台表演过。1938年，傅抱石回到老家逃难时，在罗坊镇上住了一阵子，当时镇上有两个戏班子，他闲来无事时还前去凑凑热闹，为戏班子拉了一段琴。

学生董庆生谈到傅抱石拉琴的故事，曾回忆说："平时，我喜唱京剧，一天晚上，傅老师对我说：'我来操琴，你唱一段吧。'我吃惊地问：'您会拉胡琴?'傅老师笑起来了，他接过了吴君琪同志手中的京胡便拉起一段二黄调，我随琴唱了一段老旦戏。傅老师的京胡拉得实在高明，有板有眼，刚柔相济，抑扬顿挫，如珠落玉盘。我真想不到傅老师不但是全国知名的大画家,而胡琴居然也拉得如此之好。"①傅抱石曾在北京开会期间,与梅兰芳先生同住一屋,他拉的琴连梅兰芳先生都给予了极高的评价。

傅抱石作画时,在画到得意处时,也喜欢哼唱几句。遇到其他高兴的事或者愉快的场合,他也间或来上一段京剧清唱。由此也可窥见他的性情。重庆金刚坡时期,有些文化名人之间会相互串门,由于条件所限,除了闲聊也没有什么事情可做。但只要是让傅抱石喝上几口酒,他便会收起平时的严肃,胸胆开张,性情展露,拉上几曲琴,再唱上几段戏,苦中作乐一番。

然而,对酒的嗜好也给傅抱石带来了一些烦恼。当年,傅抱石与有着"书画家之家"的荣宝斋有着难解难分的情谊。荣宝斋中从经理侯恺到一般职工,都了解傅抱石的嗜好——他爱清代乾隆时期的旧纸、旧墨、旧砚和旧印泥等,因为这些旧的东西用起来往往能产生一些奇特的效果,对作画向来追求完美的傅抱石把这些东西当成宝贝。所以,每当荣宝斋收购到好东西,都先为他留着。另外,作为傅抱石的好友,侯恺先生也深知他"往往醉后"才能痛快落笔的特点,于是经理办公室经常准备一些茅台和五粮液,供傅抱石来此作画时享用。

当时,傅抱石已经是国内著名画家,而且每个月的薪水也能有百多元,这在五六十年代算是很高的工资了。可是,他的子女

---

① 山谷. 艺术人生——走近大师·傅抱石. 西泠印社出版社,2007年6月第1版。

多，各方面的花销比较大，这点工资除了满足一家人的基本开销外，很难再供傅抱石采办作画材料和饮好酒。实在拮据的时候，傅抱石就以画换些收入。1950年代到1960年代中期，荣宝斋的书画销量占全国总销量的一半以上，由于傅抱石把荣宝斋当成了半个家，所以自己的画只允许荣宝斋拿去卖。尽管他的画很畅销，他也从不问价格，只是经常把一卷卷的画交给营业科副科长田宜生，换回三两百元的收入。

傅抱石与荣宝斋如此肝胆相照，荣宝斋也成为了他的坚强后盾。当傅抱石手头紧的时候，就可以在荣宝斋里先预支，然后再用画来还。比如有一回，荣宝斋收到一对极为珍贵的鸡血石章，大约边长各有四厘米，高有九厘米，六面殷红。傅抱石捧在手里，细细观赏，再用鼻子尖和脸不断往石章上面蹭，以脸上的油脂来识别石章的优劣。最后，他感到这对鸡血石章宛如刚刚宰杀的鸡血一般鲜红，质地也清澈通透，是极为优质的"大红袍"。傅抱石反复把玩，简直爱不释手，可他一问价钱，竟然要八百元。对他来说，八百元是一笔巨款，无力承受。他回到住处之后，还是一直惦念着那对宝贝，晚上辗转反侧难以入眠。与他同行的南京画家伍霖生先生跟随傅抱石学艺多年，非常清楚老师的性格。为免老师失去心爱之物，造成终生的遗憾，他便向傅抱石提议多画几幅画，把那对鸡血石换回来。傅抱石高兴地听取了伍霖生的建议，在荣宝斋写下了以十幅画换石章的欠条，把宝贝取了回去。后来，傅抱石回到南京，也确实履行承诺，作了十幅画请人交给了荣宝斋。但是，后来却有人拿这些事情做文章。在批判文艺界"三名三高"的时期，文化部了解了傅抱石与荣宝斋的一些"默契",竟对这些小事进行了严肃的批评。

从此,傅抱石再到荣宝斋的时候,就显得特别小心谨慎。有一次,傅抱石去北京参加会议,当时他已有着中国美术家协会副主席、中国美协江苏分会主席、江苏省国画院院长等重要身份,按照标准,他完全可以住进比较好的宾馆饭店,可他偏偏就爱住在条件相对简陋的荣宝斋。侯恺为傅抱石准备了可口的饭菜和茅台酒,他午睡醒来就开始自斟自饮。喝着喝着,傅抱石就有了感觉,想要画画了。老朋友立即为他备好纸笔,傅抱石沉入创作,物我两忘,竟然错过了吃饭时间。等到肚子饿得咕咕叫了,时间也到了深夜,侯恺准备请他去吃宵夜,傅抱石却只要了一点饼干就对付过去了。他对侯恺说出了真相:"老侯,你不知道,运动中有人批评我尽交酒肉朋友,吃吃喝喝的,我想还是注意点好。"

对他人的议论的顾忌,并不意味着傅抱石会在追求艺术真理的道路上放弃坚持。实际上,在建国后所经历的政治运动中,他敢于坚持原则、实事求是,捍卫着艺术家的良知。当年,江苏省国画院办公室主任、画家张文俊的家与傅厚岗的傅宅相距不远,张文俊时常去傅家串门。有一次,傅抱石指着墙上挂的一幅字画对张文俊说:"那是袁世凯的儿子袁克定写的,人不好,字写得不错。"这与他曾经公开称赞齐白石刻的那枚"蒋中正印"很好一样,不"因人废艺"。在讲究政治挂帅的当时,这是非常大胆的说法,也是要冒风险的。敢于这么做,体现出了他的独立不羁与坦然心态。当压力接踵而来的时候,傅抱石却又借着醉意摆脱世俗的纷扰,寄情于山水人物之间,在艺术的海洋中游弋。

1958年到1959年期间,傅抱石与著名画家关山月合作,为人民大会堂绘制毛泽东诗意巨幅山水画《江山如此多娇》,这次合作创作如此巨幅的作品对傅抱石来说无疑是一次艰难的挑战。而且这个时期适逢国家经济困难,酒的供应非常紧张,好酒的傅抱石却处于无酒可喝的窘境。没有酒,他就变得画兴索然,灵感也难以得到激发。经过一番思想斗争,傅抱石最后写信向周恩来总理求助。这封"求酒信"写得情真意切,据说把总理逗乐了。总理体谅艺术家创作的甘苦,于是特批了两箱茅台酒,派人给傅抱石送去。这两箱酒正如雪中送炭,傅抱石打开瓶盖,闻着扑鼻而来的酒香,精神立时为之振奋起来。傅抱石对周总理的理解和关怀十分感激,全力投入,与关山月合作无间,最终圆满完成了那幅载入史册的巨作《江山如此多娇》。

傅抱石曾说:"我是不喜欢白开水的,一张画给人看后,要像酒一样的使人陶醉,而不像白开水一样的淡而无味。"傅抱石爱酒,但不同于一般嗜酒如命的酒徒,而是把酒和精神追求、艺术创造结合在了一起。

傅抱石珍惜光阴,抓住点滴时间去学习和充实自己。即使抗战期间在金刚坡躲避空袭时,他也能借着防空洞里的微弱光线,抓住时间读书。但是,为了一家人的生计,傅抱石不得不在进行艰辛的艺术创作的同时,为工作奔忙。他在大学任教时,学生有假期,他却不让自己停下来,差不多每天都要忙到十二点以后。有时候会议多,上门拜访的客人也多,他作画画到一半不得已要半途停笔,那种"往往醉后"的感觉刚上来,却被白白浪费了。于是,他难免发出叹息:"唉,又害了我半张画。""今天算是白吃饭了!""对不起这碗酒,对不起这碗肉!"夫人罗时慧经常帮他分担这些烦恼。罗时慧不仅聪慧,性格也开朗幽默,她甚至会用多种方言说相声。当年,艺术家侯宝林老先生来看望傅抱石一家人,竟然被罗时慧幽默的语言逗得前仰后合。她除了设法宽解先生的烦恼外,有时候,家里来了事先未预约的客人,她也会出面替傅抱石挡一挡。这一招帮了傅抱石的大忙。客人与女主人一聊,有时也非常开心,也就不好意思再去打扰正在工作的傅抱石。对于把作画当做生命看待的傅抱石来说,这就如同救了他一命一般。

傅抱石有老鼻炎,呼吸不畅通,一天到晚呼鼻子,让人看着非常揪心。而且,当他画画的时候,由于精神高度集中,鼻子里更像老牛喘气,从鼻腔里面发出巨大的响声。在女儿傅益瑶的心中,父亲作画时的情景是永生难忘的:"父亲却强烈地陶醉其中,那种气氛能够影响周围的一切。他画画的时候一句话也不讲,一直画,一直画,情绪变化很大,像演戏一样起伏不停,并随着画面情况的不同,不断调整自己的情绪,完全进入了一个遗世独立的世界。"[1]

对于父亲傅抱石酒后作画,傅益瑶将之形容为"金蝉脱壳",指的是通过酒后挥毫,"金蝉脱壳"去到一个充满想象和美景的艺术世界。傅益瑶这样描述作画时的父亲:"脱壳后的元神是一

---

[1] 傅益瑶. 我的父亲傅抱石. 上海辞书出版社,2006年8月第1版。

个了不起的斗士,中国绘画自古以来就有这样一种精神。两宋时,国家不幸,被金人蒙古人侵略,诗词里面有'笑谈渴饮匈奴血'的悲愤,父亲不仅画过《满江红》,还教我们唱过。然而在宋人的绘画中,没有一张残酷的画,全是山水;山水的那种凄凉,那种悲哀,那种精神的不灭,却表现得相当充分。为什么宋画代表着中国水墨画的最高成就呢?就是它的元神——民族的不灭的精神,和顽强的意志,极为饱满,时代的沧桑和人民的痛苦,在笔墨里获得了最完美的体现和保存。"[1]

如此说来,饮酒对傅抱石来说,已经不是一种生理需求,他从酒中所求的,不是一种生理的刺激,而是一种对精神的催化。他在1939年到1946年金刚坡时期,创作了《初夏之雾》;1944年创作了《万竿烟雨》;1945年用大笔挥洒出倾盆大雨,气势动人的《潇潇暮雨》,这些作品均是酒后所作,在画中表达了对祖国大好山河的强烈热爱之情。在金刚坡,他也追寻古人的思想,为今世所用,创作了《大涤草堂图》、《丽人行》、《琵琶行》等,这些作品是他对新境界、新技法和新世界的大胆探索。1959年与关山月先生共同创作《江山如此多娇》,也是将浓烈的情思贯穿壮丽山川之中,以广阔的胸怀去拥抱东方红日照耀下的新社会。

因长时间工作,得不到很好的休息,傅抱石后来身体常有不适,医生和朋友们就劝他戒酒。关于酒对身体的影响,他也是有认识的:"前年发现高血压,去年心脏亦复不佳,各方友好无不谆谆见告,希望与此物绝缘。数年起,几次努力压缩,有时不饮白

---

[1] 傅益瑶.我的父亲傅抱石.上海辞书出版社,2006年8月第1版.

酒,有时限制饮量,总之,主观上努力不够,遂今流于形式。大示所云一切,真足供我警惕矣。现在两臂仍未痊好,心脏仍临危机,血压仍高……昔陈老莲、高凤翰、许友介……诸大师,均毁于酒,而我过去最敬佩的日本近代画家幸野梅岭、桥本关雪……也毁于酒,唐伯虎不能专美也。为酬大命,将勉强一切,压缩一番。尚望足下不时严加督察是幸。"①可是,作为一个心怀抱负且有真性情的大画家,他需要一种寄托,使他的情怀和精神可以超越现实的桎梏,去飞升到一个纯粹的精神世界,在其中尽情遨游。对于傅抱石来说,酒就是这种寄托,饮酒仿佛是一种庄重的仪式,使他可以回归自己的真实的内心,并挣脱现实沉重复杂的牵绊,而心境澄明地抵达纯粹的艺术之乡。

---

① 山谷.艺术人生——走近大师·傅抱石.西泠印社出版社,2007年6月第1版。

伍

生命尽头：留给世人的思考

平常很难得早起的傅抱石在楼梯口叫住女儿说："我今天不舒服，就不送你了。不过送你四个字，你要记住，就是'谦虚谨慎'。谦虚不是要对别人谦虚，是要对自己谦虚，你总对别人说我不行，那有什么用呢？自己行不行一定要清楚。谨慎是要对人谨慎，只有谨慎，才能保护自己。"他告诫我一定不要说谎话，但也不要轻信别人。然而让傅益瑶万万没有想到的是，不久之后，父亲傅抱石就瞑目而去了。

一 傅抱石与随园

傅抱石生在南昌,长在南昌,但是在他六十一年的人生中,曾在南京先后生活了二十年,某种意义上说,傅抱石艺术生涯的重心是在南京。由于他在创作的同时一直孜孜不倦地从事艺术教育,所以他的工作和生活也与校园紧密联系,他事业的巅峰期与最终的归宿都和"随园"这块教育的宝地分不开。

"随园"现在是南京师范大学三大校区之一,是全国的重点文物保护单位,被称做"东方最美丽的校园"。这里曾吸引众多名家大师在此执教,文化底蕴十分厚重。学校也培育了一批又一批品学兼优的学子,为国家社会输出了大量优秀人才。

南京师范大学的历史可追溯到1902年创办的三江师范学堂,后经历两江优级师范学堂、南京高等师范学校、东南大学、国立中央大学等。晚清时期,作为诗人、教育家、书画家、文物鉴赏家、中国著名画家张大千的恩师的李瑞清主持着两江师范学堂的"图画手工科",这是中国美术教育史上首次开设的新型高等艺术学科。之后,两江优级师范学堂又更名为南京高等师范学校。1921年,又在中国近代著名教育家郭秉文先生的倡导下,以南京高等师范学校为基础正式建立东南大学。郭秉文出任东南大学的首任校长，并为学校遍访名师，使之成为当时国内仅有的两所国立综合性大学之一。1928年，东南大学改名为国立中央大学，设置理、工、医、农、文、法、教育七个学院，教育科后改为艺术学系，当时由吕凤子、李毅士先后主持教务，徐悲鸿先生在这一年被聘为该科教授，并于1935年任主任。由于徐悲鸿先生倡导新美术运动，给国立中央大学艺术学系输入了现实主义艺术的办学方针。他邀请美术界的群英加入到这里的教学中来，其中就有他非常器重的傅抱石先生。1949年8月8日，国立中央大学更名为国立南京大学，在1950年10月按教育部的相关规定，又去掉"国立"两字。1952年，全国高校院系调整时，在原南京大学、金陵大学等相关院系的基础上组建了南京师范学院，1984年更名为南京师范大学。

傅抱石与南京师范大学的不解之缘其实早在他留学日本期间就开始了。1933年，傅抱石因为思念家乡，且需要筹集在日本进一步深造的学费，便回到江西南昌。清明节，为父亲和义父扫墓之后，傅抱石又到南京四处走访，目的就是筹集学费。这时，任国立中央大学艺术系主任的徐悲鸿虽然人在欧洲，却早有交代，要请留学日本归来的傅抱石担任艺术系的讲师。之后，由于傅抱石筹集到了再次留学日本的经费，所以没有留下来教书。不过，徐悲鸿从没有收回请傅抱石来中央大学教学的邀请。

1935年，傅抱石收到母亲病危的消息，从日本匆匆回国。这时候，他既没有正式毕业，也还没有拿到文凭，徐悲鸿却认定傅抱石有足够的能力执教大学，于是聘请他到南京中央大学教育学院艺术科担任了"兼任讲师"。傅抱石在这里教授美术理论和中国美术史,还有书法和篆刻。年仅三十一岁的他,在回国后的第二个月,就将之前完成的《中国绘画理论》出版了。过了两个月,他又发表了《论顾恺之至荆浩之山水画史问题》。仅在1936年一年中,傅抱石就接连出版了《基本图案学》、《日本法隆寺》、《石涛年谱稿》、《论秦汉诸美术与西方之关系》、《郎世宁传考略》、《基本工艺图案法》、《印章源流》等著作。1937年又是傅抱石成果丰硕的一年,他出版了《石涛丛书》、《中国美术年表》、《民国以来国画史的观察》、《中国文人画论》等等。这些理论研究工作为他的美术教育工作奠定了坚实的基础。

这一时期,傅抱石还参加了中央文化事业计划委员会的研究工作。1936年中华学艺社举行年会时,作为社员的傅抱石借此机会,利用暑期的探亲时间在南昌东湖之滨的"益群社"举办了一次个人书画展览,展品中包括了他在南京中央大学期间创作的一百一十二幅作品。由此不难看出,任教中央大学的日子,傅抱石的艺术才华得到了很大的发挥、施展的空间。不仅如此,他还积极投身国内一系列的美术活动,如参与筹建了"第二次全国美术展览会"并展览了自己的作品,他还与国内一批知名艺术家们联名发起成立全国"中华美术会"。

正当傅抱石的艺术事业蒸蒸日上的时候,却被1937年7月7日日本制造的"卢沟桥事变"打断了。"七七事变"之后,日本发动大举进攻,作为首都的南京危在旦夕。为保证学生和教师们的安全,中央大学不得已只好疏散教职员,暂时迁往重庆松林坡,后来又在重庆嘉陵江上游的柏溪建设了新校区。傅抱石则按照命令去了皖南宣城。即便是在这么压抑和艰苦的环境下,他仍然坚持完成了对石涛的进一步研究工作,并写作了《石涛生卒年考》、《石涛画论之研究》和《六朝时代之绘画》等。

在那之后,傅抱石一家在老家新喻享受了短暂的平静生活后,傅抱石便在郭沫若的召唤下,毅然前往设在武汉的国民政府军事委员会政治部第三厅,与其他文化名人一起开展抗日宣传工作。这一时期的傅抱石虽然暂时放下了美术创作,但是却用笔下的语言和文字激励中国人民团结一致,共同御侮,把日寇赶出中国。当年蒋介石发表的署名文告《告全国国民书》、《告友邦人民书》,正是通过郭沫若交到了傅抱石的手上起草,文告中"地无分南北东西,人无分男女老幼,一致团结起来抗战……"等话语写得振奋人心。后来,三厅也从武汉南撤,傅抱石与妻儿一同来到金刚坡下,开始了长达八年的"金刚坡下抱石斋"的生活。这中间,傅抱石经历了国民党强制要求三厅的文化工作者们集体加入国民党的事件,他与郭沫若一同顽强抵抗,最终随郭沫若退出三厅。

抗日宣传做不了了,傅抱石同样可以用教育救国,用中国美术精神救国,他继续在重庆沙坪坝的中央大学教育学院艺术系执教。这段时间里,他不断深入研究美术史论,使中央大学艺术系的学生们可以随着他的讲授领悟中华艺术的精神所在。同时,傅抱石勤奋创作,并创造了"抱石皴"技法,使自己的山水画达到了一个前所未有的高度。1942年举办的"壬午画展"奠定了他作为一个风格成熟、自成一派的绘画大师的不凡地位。之前并不十分看好傅抱石绘画的徐悲鸿也对他的绘画作品大加赞赏,还发生了徐悲鸿与常任侠争着收藏的插曲,那幅作品的名字就是《江东布衣》。由于徐悲鸿争而未得，最后傅抱石特地又为徐先生重画了一幅《江东布衣》，才让两位好友都心满意足。

1946年10月，傅抱石举家随中央大学迁回了南京。同一年，他又和徐悲鸿、陈之佛、吕斯百、秦宣夫在南京举行了联合画展。傅抱石在南京迎来了艺术上新的创作高峰。

回到南京，傅抱石一家先是住在四牌楼中央大学的宿舍中。山水画家寿崇德先生在《艺术永辉 遗爱长存》这篇文章中有这样的记录："我于1946年腊月冒大雪拜访他（傅抱石）于四牌楼中央大学南高院宿舍。"关于回到南京后的生活情况，傅抱石在1947年6月19日写给远在日本的恩师金原省吾先生的信中有一段介绍："别教十余年矣。仰企何似。战时随中央大学入四川省之重庆，去年冬还归南京。十二年教书生涯，迄未稍变。今有儿女五人，均在其侧，住于学校之内。"这时傅抱石一家人挤住在中央大学的平房中，虽然周围不乏文化的气息，但拥挤却是难免的。傅抱石想改善一下生活的处境，可无奈收入除去维持日常生活已无余款，什么事也办不了。最困难的时候，甚至连为举办画展而裱画的工钱都拿不出来。

情况终于发生了转机。1947年10月，傅抱石在上海举行了一场规模空前的画展，取得了极大成功，不仅扩大了影响，也带来了实实在在的经济收益，不仅还清了欠下的工钱，还有不少盈余，家庭经济状况明显好转，于是他便想在南京觅地盖所小楼。傅抱石本想选择含有妻子名字中"慧"字的城南"慧园"安家，却因故没能实现心愿。最终确定了傅厚岗的地点。此地位置甚好,离风光幽雅的玄武湖仅步行数分钟的距离,离学校也不算远。傅抱石便打定主意买了下来,并着手建房。

到了1948年,经过几大战役,国共双方此消彼长的态势已定,国民党政府的败亡已经颓势难挽。作为国民党政府所在地的南京,市民面对大变局,难免有些恐慌。老百姓求安稳,为避战火纷纷逃离南京城,一些学校的教员也弃学生于不顾,只顾自己逃命去了。南京城里物价节节升高,钱也越来越不值钱。这直接影响到了傅抱石新居的营建。在建中的小楼刚刚完成大体结构,却因建筑材料飙升而不得不暂时停工。而在学校停课之后,傅抱石也没有心思再等房子建设下去,他找了可靠的学生帮罗时慧把孩子们先送到南昌,又托人照看傅厚岗建到半拉的房子,便收拾衣物前往杭州。途中,经过苏州、上海,傅抱石一路游览,又处理了一些私人事务后,便回到南昌,在朋友徐谷生办的江南中学暂住了下来。

内战结束后,中央大学艺术系于1949年8月改为南大艺术系(又在1952年改为南京师范学院美术系),傅抱石回到系里继续任教。位于傅厚岗6号的新居几经周折后也终于竣工,1950年,一家人终于住进了这处新居。新居使傅抱石的生活创作环境大大改善。

到了20世纪60年代,傅厚岗附近建起了一家印刷厂,机器的声音很响,傅抱石的生活和创作大受影响。他实在被吵得难以静心作画,便向省里反应,希望能让自己换一个安静的住所。鉴于傅抱石对江苏美术乃至全国美术发展和教育所做的贡献,省里于是积极安排此事。当时汉口西路的一处岗坡上,刚好有一座空着的别墅,该处一路之隔,就是傅抱石任教的南京师范学院。1964年5月,通过产权交换,傅抱石一家从傅厚岗6号搬到了汉口西路132号。这所小别墅有两层,还附有平房和庭院,庭院中有古树高耸。傅抱石对这处居所是满意的,在写给朋友的信中曾谈到这个新住处:"此处稍擅园林之胜,在清凉山、五台山稍北。徒步走走,经小仓山而陟扫叶楼,亦不过一二十分钟,每怀先贤,益用自惭耳。"他将画室放在了住宅的二楼,其采光条件极佳,加上周围如诗如画的环境,使得这个新居更加契合傅抱石作画的气质和心情。

1985年,为纪念傅抱石逝世20周年,南京市政府特别拨款,将这所见证着傅抱石最后岁月的居所修缮一新,辟为傅抱石纪念馆,以供后人永远缅怀这位中国现代伟大的艺术家和教育家。

傅抱石在南师美术系任教时期,一直以身作则,为人师表,为培育人才尽心尽力。20世纪50年代,运动频繁,傅抱石坚持艺术原则,与当时全盘否定中国画的极左思潮抗争。在傅抱石的指导下,南师美术系同学集体完成了一篇题为《我们对继承民族绘画优秀传统的意见》的文章。文中旗帜鲜明地指出:"只以为西洋画技法才是科学的实写技法,是不正确的。我们祖国绘画传统所以是伟大的,优秀的,正是因为它真实地反映了现实。因此,传统绘画的优秀技法,必然同样是科学的写实技法。"傅抱石仗义执言捍卫国画、保护中国美术传统的举动收到南师美术系学生的尊敬与爱戴。

虽身为国内绘画大家，但作为师者，在教学上傅抱石丝毫没少费心思，在教学上他也不断创新，在教授美术史时经常举办一些中国画讲座。他不但要讲给本校的学生听，也在南京市范围内举行公开讲座，讲给爱好美术和关心中国画发展的人们听。他的演讲内容丰富深入浅出，语言生动，声音洪亮，感染力极强。为了更好地服务教学，他尝试使用许多先进的教学手段。1954年的时候，他把照相馆的老板请来，拍摄他亲自选定的各种图片，最后制作了一套完整的幻灯片，开创了大陆教学中使用幻灯片的先例，这样的教学方法后来陆续在全国范围内推广开来。

知名画家喻继高毕业于南京师范学院。在他的记忆中，傅抱石是一位"对学生真诚培育爱护，对朋友重信誉重友谊，对艺术具诚谨永探求，对子女重身教富慈爱"的老师。

喻继高1951年从徐州三中考入当时的南京大学艺术系。从一年级开始，他就有机会听傅抱石讲授的中国美术史和中国画课程。在喻继高看来，他是非常幸运的，因为傅抱石之前只教美术史论，他是傅抱石教授中国画的第一批学生。开学的第一天，傅抱石穿着一件灰色长衫，夹着一本画家陈之佛的画册，来到南大六朝松旁梅庵的一间教室里。他的眼睛深邃而有神采。傅抱石和蔼地问了各位学生的姓名，之后突然问道："今天先考考你们，谁说说中国历史上有哪些大画家？"学生们都是刚刚进入大学，对美术都还处于一知半解的程度，被早已扬名美术界的老师这么一问，更紧张得说不出话来。喻继高也与其他同学一样，沉默着低下头去。傅老师没有因此责怪他们，而是微笑着说："一张白纸可以画最新最美的图画。"就是从这样的开场白开始，傅抱石在四年里悉心培育着这些艺术学子，让他们学到了本领。其中的许多人，后来都在画坛做出了一番成绩。

◎ 南师美术系师生合影。后排左二为傅抱石，左三为宋增殷，左五为陈之佛，左七为杨建侯

在课堂上，傅抱石爱讲故事，他讲的故事对学生们大都富有启发性。他讲徐悲鸿每天清晨天不亮就起来，勤奋作画，鼓励学子们以其为榜样；他讲张书旗作画勤苦，反复在画室的墙上张贴，画纸竟积了近一寸厚，给学生们形象地传递了梅花香自苦寒来的道理。当然，他的故事中也有对祖国艺术的热爱，有对列强掠夺中国艺术瑰宝的痛恨。

傅抱石超群的记忆力是众所周知的，他讲的中国美术史细节清楚，趣味无穷，让学生们在了解美术历史的同时，也更加喜爱这份中华民族的艺术瑰宝。

傅抱石绝不仅仅在课堂上纸上谈兵，他更喜欢带着学生们去野外写生。南京是历史文化名城，玄武湖、栖霞山、灵谷寺都是他们写生的好地方。对于习惯了在教室里对着石膏像画画的学生们，最初来到户外写生时还是有些手足无措的，傅抱石就亲身做示范，告诉他们从哪些角度，如何运用笔下的传统画法去表现新生活的精彩一面。傅抱石对自己的弟子都十分了解，他知道喻继高等几个学生的家境还比较贫寒，有时候长时间写生，赶不回去吃饭就饿着肚子。于是，每每遇到这种情况，他就请学生们吃饭，或者特意将家中烹饪的牛肉等食品带来与学生们分享。其实，当年傅抱石家里孩子多，罗时慧又没有工作，经济状况也不太好。喻继高还清楚地记得，傅抱石经常把自己的纸墨等绘画用品送给他，以减轻他在学习上的开销，甚至带着他来到自己的画室，现场演示一些绘画技巧。这对于一个已经功成名就的绘画大师来说，其艺术品德真是难能可贵。1958年的时候，傅抱石从南京师范学院美术系调到画院当院长，为了保证画院的水准，他经常到北京的荣宝斋等地方给画院买来一些纸和墨。此时的喻继高已经从美术系毕业，调到江苏省国画院工作，傅抱石依旧想着给学生提供帮助，时常买些熟纸带回来送给他。在困难时期，画院内外都有许多生活困难的画家，他就伸出援助之手，还发动同事们去帮助那些人。

1959年的冬天，省文化界在傅厚岗的政协礼堂召开重要会议。喻继高突然接到傅抱石的电话，让他准备好绘画的各种工具用品到会场来。原来，开会前画家们建议搞个笔会。喻继高磨好墨，铺上纸。傅抱石谦虚地请陈之佛老先生首先开笔，陈老先生在四尺宣纸的右下角，画了一枝素雅的腊梅。这时候，理应由傅抱石接着画了，可是他却叫学生喻继高画。当时在场的除了陈之佛、傅抱石，还有蒋仁和胡小石等，都是江苏省书画界的知名人物。傅抱石见喻继高不敢随意动笔，便再次鼓励他，终于使他在腊梅旁画了几朵红山花。傅抱石与陈老先生同时赞许地点头，为这位后辈学生带来了一生无法忘怀的巨大支持。后来，傅抱石抓起一支最大的斗笔，在画上添了一根粗壮的石笋，蒋仁先生在石笋上画了三只八哥，著名的书法家胡小石先生则题款"迎春图"三个字。这幅见证着傅抱石尊重前辈、提携学生、聚众人之力而成的画一直被保存在南京博物院中。

　　傅抱石对随园的情感不仅体现在对学生的精心培育中，同样也延续到对自己孩子的培养上。1965年，正是女儿傅益瑶报考大学的时候，她最想读的是复旦大学的新闻系，目标是毕业之后去当记者，但是恰巧当年复旦新闻系不招生。傅抱石对女儿学业的设计一直是希望她去读南京师范学院的中文系，傅益瑶起初不同意，她不太愿意去当老师，而且对中文系也没有什么兴趣，除了新闻，她还想读外文系，为此父女俩进行了一番激烈的争论。傅抱石告诉女儿，看问题不能太简单，当时南京师范学院中文系的师资力量是最好的，原中央大学文科的很多名师如唐圭璋和孙望等都在南师教学；另外一方面，傅抱石认为学外语只是一种工具，将来毕业若把工具当做职业，无异于把自己限制在一个狭小的范围内活动，阻碍了才华的发展。

　　于是，在父亲的劝说下，傅益瑶最终还是报考了南师中文系。女儿考上的时候,得偿所愿的傅抱石非常高兴,傅益瑶见学校就在家门口,则气得在地上打滚儿。傅抱石生气了,过来踢了女儿一脚,责备她不知好歹。等气消了以后,傅抱石又带着女儿去玄武湖散步。那时是夏天,天气很热,傅抱石在公园里买了冰激凌给女儿吃,然后语重心长地告诉她:"这个学校很好,很多教授都是我的好朋友,能教你真正的知识和本领……这些师承都是一般人找不到的,你看这把种子给得多好,这把铲子给得多好,无论将来干什么职业,你还怕什么呢?"①傅抱石把珍爱的女儿送到南师,是由于自己对这所学校的深刻了解与信任,而事实证明,傅抱石这一"送",的确为女儿打下了扎实、深厚的艺术文化功底。

傅抱石生活在随园,工作在随园,对这里充满着无限的深情,他在这里画了很多南京特色题材的作品。1964年,他创作的《虎踞龙蟠今胜昔》以巍峨苍翠的钟山巨峰作为主体,气势宏伟,结构严谨,层次鲜明。这幅画将毛泽东的诗意淋漓尽致地表现出来,同时也创造性地用动静结合的方式,表现了新时期的南京翻天覆地的变化,让人看后激情澎湃、精神振奋。1965年,傅抱石创作了《中山陵》,共两幅作品,一幅将倚山而建、掩藏于松柏之中的陵墓建筑群刻画得细致入微,庄严肃穆;另一幅画则精巧别致,营造出优美而深沉的气氛。20世纪60年代创作的《梅花山》显露出楚楚动人、隐约含蓄之美。《雨花台颂》将历史与现实相融相通,体现了先烈们的精神万古长青的主题。后来,又有

---

① 傅益瑶. 我的父亲傅抱石. 上海辞书出版社,2006年8月第1版。

《初春》《春风杨柳万千条》《玄武湖一角》《月下玄武湖》《江南春早》《秦淮柳荫》《鸡鸣寺》《鼓楼》《燕子矶》等作品。傅抱石笔下的南京城,永远浸透着沧桑的历史,却又时刻保持着奋发向上的时代感。渗透着傅抱石对南京这块土地上一草一木的深情和对中国画发展之前途的希望。

作为父亲的傅抱石

傅抱石与罗时慧共育有两个儿子和四个女儿。大儿子傅益钧,二儿子傅益钜,傅益钧后改名为傅小石,傅益钜后改名为傅二石。但在傅二石的印象中,自己从小就叫傅二石,傅益钜的名字自己印象里都没怎么用过。四个女儿分别是傅益珊、傅益璇、傅益瑶和傅益玉。在对儿女的教育中,傅抱石对儿子很严厉,对女儿却显得慈爱很多,这也是他家庭教育的一个特点。

傅抱石的长女傅益珊常年患病,是令他最牵肠挂肚的孩子。傅抱石本就很喜欢女儿,在桂林逃难途中,曾生了一个,这个女儿乖巧漂亮,生病后因为缺医少药而不幸夭折。生下益珊后,夫妻俩本以为是最后一个女儿了,还特意给她取了个小名叫"小小",夫妻俩对这个女儿疼爱有加,视若掌上明珠。傅益珊作为长女,从小就是兄弟姐妹们的榜样,上学以后,真正是品学兼优。

◎ 傅抱石夫妇与长女傅益珊在南京玄武湖

她在学校里,不仅学习成绩好,而且有很强的组织能力,深受老师器重,一直担任着班干部、团干部,老师们对这个好学生寄予了很高的期望。后来考上大学,学的是工科——她也是傅家子女中唯一一个学工科的。她做事认真,十分要强,在"大炼钢"的时期,作为团干部的她一直冲在各项活动的前列,因此也承受着很大的心理压力。炼不出钢铁来她坚决不睡觉,夜夜挑灯干到天明,身体严重透支,精神上也备受煎熬。这个柔弱的女孩在压力中坚持着,她也曾悄悄地跟父母说,自己可能撑不住了。听了这些话,傅抱石与罗时慧也没怎么太在意,简单地以为孩子可能是太累了。在那样的"火红"年代,他们觉得傅益珊好不容易上了大学,积极上进也是必须的,再坚持一下,等放了假可以好好休息一下。在父母的建议下,傅益珊继续坚持,没想到,她的神经越来越衰弱,有时候一个礼拜也合不上眼,在这样的情况下,她终于倒下了。

傅抱石的心底为此充满了愧疚和对女儿的疼惜，他总认为益珊的病发展到这一步，跟自己延误了治疗时间不无关系。慈父的爱，让他投入了最大的精力来照料这个女儿。罗时慧曾多次以"三千宠爱在一身"的诗句来形容傅抱石对益珊的爱，这么说其实一点也不为过。为了女儿，他反复向医生了解和学习关于这种病的治疗和养生的方法。傅益珊住院期间，傅抱石非要每天去探望一次才能放心回家。

为了给女儿治病，傅抱石遍寻名医，还曾为此上当受骗。有一次，他听说山东有位名医叫做刘××，这个人可不得了，号称给某某中央领导开过方子治好了病。这位"名医"吃准了傅抱石的心思，收起钱来如狼似虎。一副药竟然要价六千块，在当时，这相当于一个普通工人近二十年的工资收入，实实在在是一笔巨资了，可为了女儿，傅抱石舍得花这笔钱。没想到，这副天价的药，不仅没有治好益珊的病，反倒加重了她的病情。

自从女儿生病，傅抱石放弃了外面的许多活动，以便陪伴照护女儿，照顾女儿成了他心头最重要的工作。多年以后，傅二石先生接受本书作者的访问，回忆起当初的情景，仍然十分动容，感慨父亲对女儿细心周到的照顾。他有时间就陪着女儿散步，并鼓励她外出写生作画，散散心，调节精神。为了给爱女治病，傅抱石几年内的大部分作品都换做了女儿的医药费。

香港有位唐遵之先生，是位摄影家，喜欢收藏书画作品，与傅抱石有书信往还，曾索得傅抱石的绘画。由于摄影工作的原因，他交游甚广，朋友们得知他与傅抱石的友谊后，也纷纷通过他向傅抱石求画。他在征得傅抱石的同意后，也帮助朋友们得到了一些作品。但是,唐先生想到大师赠画给自己已是天大的缘分,不能再让傅抱石白画,便问他每幅画的"润例"是多少?所谓"润例"是润格、润笔费用,是价目的文雅、含蓄的说法。没想到傅抱石的回答却是:"过去与现在,均无此物,盖素来反对以尺寸计艺术也。""乞不必拘拘,随意惠酬可以。"这样一来,求画者更是挤破头地抢着来。傅抱石有求必应,甚至对求画者的要求也一一应允。

傅抱石为给长女在海外求药,在给唐遵之的一封信中写满了对女儿的爱惜之情:"如有惠赏拙笔者,稿酬不计。盖弟近况所欲得者,小女之健康也,其他非所计矣。"他本就患有风湿、臂痛、高血压等病,在病情的复发期间,根本不能提笔作画。为了在约定的时间给求画者寄去作品,又不愿像有些画家一样蒙混了事,傅抱石便将自己保留的一些十分珍爱的精品之作割爱送出。

傅益珊在父亲的悉心照料和父爱的感召下,渐渐振作,努力调整自己。她每天早晨都起来画画,从心里去感受艺术世界带给自己的宁静。她也像父亲一样画诗意画,尤其喜欢画唐诗,画毕还会题上自己的理解和感受。然而,最大的打击却来自于父亲的去世。虽然母亲罗时慧和兄弟姐妹们怕再刺激益珊,在傅抱石去世后很久都没敢告诉她。可傅益珊心里清楚得很,父亲舍不得那么久不来看自己,她也不问,只是在每年清明大家都去上坟的时候,独自将头埋在臂弯里流泪。母亲罗时慧走的时候,一家人也骗她说母亲有病住院,这一骗就是两年,后来她也不问了,心里已然明白了真相。在傅抱石诞辰一百周年的时候,子女们为父母做了一个合葬的墓。这时候的傅益珊已比从前坚强许多,她怀着对亲人的深深的思念,坚强地生活着。现在,益珊和二哥傅二石住在相距不远的两座公寓里,每天还坚持作画,在哥哥二石看来,这位妹妹的画其实很有灵气,很有特点,只是出于对妹妹安静生活的保护,不愿让外界去打扰她,因此其创作相较于小石、二石、益瑶来,不大为外人所知。

2011年7月,傅抱石长子傅小石从床上滚落到地上,导致脑出血,虽经及时抢救,脑功能慢慢恢复,眼睛也能够睁开,却不得不住在医院,卧床静养。小石具有很高的艺术才华,可是命运坎坷,令人唏嘘。

◎ 傅小石

傅小石是个让傅抱石又爱又恨的儿子。他从小就有着过人的绘画天赋。当初一家人住在金刚坡时,傅小石才读小学。有一天,校长冯伊湄把小石叫到办公室。这位冯校长是著名画家司徒乔的妻子,傅抱石一家与司徒乔在金刚坡时期一直有来往。司徒乔的女儿司徒媛与小石年纪差不多,也是童年的伙伴。冯校长找小石来,就是请他为女儿写的一本儿歌集画几幅插图。少年的文字、绘画自然天成,迥异于成人,冯校长想借小石的画去应和女儿的作品。在司徒媛念诗的过程中,小石边听边画,竟然画出了"芦荡明月"、"杨柳小鸟"等情景。其超越同龄人的想象力与表现力,把身为画家妻子的冯伊湄也惊住了。

还有一次,傅抱石正在中央大学艺术系的课堂上教课,一位朋友到"金刚坡下山斋"来拜访他,恰巧罗时慧也有事出去了,客人便很快离去。傅抱石回家后有些生气,一来金刚坡离城里很远,朋友来一趟不容易,估计有重要的事情;二来小石在家都没把事情问清楚,只知道姓王,也没让客人留个纸条,显得不懂规矩。傅抱石在小石的脑袋上敲了两个"毛栗子"以示惩罚,小石心里委屈,鼻子酸酸地走开了。过了一阵,他递给傅抱石一张香烟纸,上面画了一幅高颧骨,左脸有一颗黑痣的人物头像。小石对父亲说:"就是这个叔叔。"傅抱石看了一眼,不禁叫出声来:"王景祥!"这一叫不仅因为弄清了来人,也是对小石细致的观察力和绘画天资的惊叹。

傅小石后来以优异的成绩考入中央美术学院版画系,却在1957年"反右"时期被当做与院长江丰一路的人,打成学生"右派",发配到北京郊区的西郊农场干活。那个时候,当了"右派"就被打入了另册。其他几个子女都还很小,傅抱石便与罗时慧经常关起门为小石的事情交谈,一谈就是一夜。1961年,傅抱石想尽办法把小石调回南京,让他在江苏省国画院继续劳动改造,第二年,他便摘掉了"右派"的帽子。可是好景不长,"文革"刚一开始,傅小石再次被揪出来批斗,接着上山下乡,下放到苏北泗洪县。但是雪上加霜,后来他被安上了"现行反革命"的罪名,判了十年徒刑。服刑期间,傅小石辗转去了南京龙潭采石场、洪泽湖等地方。在农场服刑时,发生了一次意外:小石坐在装着饲料的马车顶上,马车前进的过程中,路边斜伸出来的树枝戳进了他的左腿，造成了他的胫骨闭合性骨折，小石从此成了瘸子。

在那些屈辱和痛苦的年代，傅小石没有放弃自己对艺术理想的坚持，他以顽强的毅力写作了《装饰艺术形式美的研究探讨》一书。这部十多万字的书稿，是傅小石在服刑期间精神追求的成果。1975年，傅小石保外就医回到南京。出现在家人面前的傅小石，衣衫褴褛，形容枯瘦，就像一个落魄的

◎ 傅小石作品

流浪汉，但是他目光中仍存的追求之火，却使他显得神采奕奕。苦闷的年代，回到家的傅小石埋头于绘画创作，他画的水墨人物画，特别是京剧人物，如《苏三起解》、《李白醉酒》等极富南宋梁楷的神韵，并蕴含着傅小石对人物精神世界的独到理解。沉浸在艺术创作的海洋里，傅小石暂时忘却了现实世界里所遭受的磨难和不公。

1979年，傅小石的"右派"问题得到彻底平反。这时他已经47岁了，精神被压抑了22年，在面对这个迟来的消息时，由于过度兴奋，不幸引发了脑溢血。要救命就要开刀手术，如果按照常

规的做法，傅小石的命能保住，但是大脑受损后，再也无法做他喜欢的绘画工作了。当时为他做手术的医生，冒险地采用了当时国外最新的手术方法，不但保住了傅小石的性命，还减少了对脑部的损伤。当傅小石逐渐康复后，虽然右肢瘫痪，他还是顽强地站立起来，并练习左手绘画，在人物画、人体画的创作上形成了独到的风格。刘海粟在《勉小石》一文中如此写道："对于小石的画，不能用寻常的尺子去量，这是一颗热情的、不甘沦为平庸而虚度岁月的心，对祖国、生命、青春、历史、爱情、土地、平凡与不平凡的人们唱出的赞歌，是生命和艺术战胜死亡和残疾的丰碑……"

傅二石也因在"文革"中说了不少江青的坏话而被通缉追捕，但是与傅小石不同的是，二石从小遗传了父亲那种豁达、豪爽、开朗、率真的天性。他多次被批斗、监禁、审讯，但从不屈服，并多次从造反派手中逃跑。

傅二石从小面对的都是与傅抱石交往密切的艺术家，在父辈的熏陶之下，他从七岁起就开始动笔画画。一般初学者都是从临摹开始，可傅抱石却坚决不让儿子临摹自己的画。傅二石回忆道："父亲认为我模仿他的画不会有出息。他常说，他最后形成的自己的独特的风格，是他经过很多年的摸索和积累慢慢形成的，是他的修养和学问的体现，他希望我也能像他一样在探索的过程中形成自己的东西。"但是二石的心中，父亲一直是自己的榜样。他要继承父亲的艺术道路，甚至连父亲"往往醉后"的习惯也继承了。只是近年随着年岁日高，加上身体状况不允许喝酒，这才戒掉了酒这个老朋友。

◎ 傅抱石与次子傅二石在傅厚岗家中

说到二石和酒的缘分,也和父亲的影响有关。当年二石在金刚坡每天给父亲打酒,他看着父亲这么喜欢酒,就想这酒一定是好东西,在回家的路上也曾偷偷地尝过,慢慢尝出了滋味,等长大了,也习惯了饮酒作画。他曾说:"酒会让父亲有更好的灵感,往往酒后作画,他的画笔中含着醉,却又非醉,意境超乎自然。"二石的近酒,大概也有着这种潜在的希求吧。

傅二石的画中有强烈的时代感,他的足迹遍及祖国的大江南北。在天下名山中,二石最喜爱的是黄山,每年都去写生,黄山的形象也就源源不断地走进他的画中。

作为大师傅抱石的儿子,二石享受着家庭的荣耀,同时也承受着压力和烦恼。继承父辈的艺术传统,也会听到一些议论。他的作品一度较多父亲的影子,个人的风格不够凸显,他深谙

◎ 傅二石

"学我者生,似我者死"这个道理。他一直在孜孜矻矻地追求,不断地铸造属于自己的艺术世界,终于别开生面,形成了美术评论家马鸿增概括的"大美境界,大块文章。气韵俱盛,清雄相融"的艺术风格。进入老年后,他的创造力益趋旺盛,其山水作品风貌在近年出现了巨大的飞跃,笔法更加遒劲自如,色彩的使用更加挥洒和富于个性,偏好暖色,体现出一种积极的态度,情感和情绪的表达沛然可触,格局和境界磅礴大气,具有极强的艺术感染力和视觉美感。

傅抱石的二女儿傅益璇除了传自父亲的水墨画之外,还擅长油画。她与大姐内向的性格相反,十分开朗活泼。益璇天资聪颖,一本书一个晚上看完后,第二天便能将故事、细节原原本本讲出来。同时,她还能做一手好菜,对父母亲的喜好,家庭生活的方方面面都拿捏妥当。因此傅抱石也非常宠着她。她想学钢琴,傅抱石甚至给她盖了间琴房;后来她想学绘画,傅抱石就亲自教;学了国画,傅益璇又想学油画,傅抱石还是尊重她的选择。

这样的教育方式,显示出了傅抱石"因材施教"的教育思路。而成年后的傅益璇也没有辜负父亲的期望,先后在中国大陆、港台地区、日本、加拿大、澳大利亚举办画展十多次,联展三十余

◎ 傅二石作品《夏山图》

次。她的画风追求自我的真实感受,情感细腻。同时,傅益璇也一直专注于对中国民间艺术的研究,她的作品中也一直凝聚着浓厚的民族情结。

傅益玉是傅抱石最小的女儿,也是性格最为温良的孩子。傅益玉生于1949年,由于前面三个女儿的名字都含"玉",罗时慧开玩笑说,取名字取烦了,干脆就叫"玉"好了。小益玉在南昌外婆身边长到五岁,才被接到南京。

益玉从小就懂得礼让,有好东西让给父亲、母亲,还让给哥哥姐姐们。性格这么温良的孩子,"文革"时期还在学校担任着团支部书记,也没逃脱被打成"走资派"的厄运。傅家受到严重打击之后,益玉也被隔离审查。然而,审查完之后,小小年纪的傅益玉独自背着行李,穿梭于山东和洪泽湖两地,给大哥、二哥送吃的、穿的。她在农村插队期间,干的是拔萝卜、赶鸭子的活,一天才挣六分钱,那时候的六分钱只能买一个鸡蛋。就是在这样艰苦的条件下,益玉还把存下的钱交给母亲。她在别人的白眼中,坚持学习,终于上调回城,进了工艺美术研究所。

因为时代的原因,傅益玉是兄弟姐妹中唯一没有进入大学的。1987年,她终于以同等学力考进了父亲曾经留学过的东京武藏野美术大学,她的作品此后也在日本画坛引起了不小的轰动。

傅益玉1989年赢得了日本出版社"艺术世界奖",1990年获得法国"沙克·马尔斯奖"。目前,身处异国他乡的她,一边投入艺术创作,一边为中外艺术交流尽着自己的一份力量。

傅益瑶是傅抱石的三女儿,也是傅抱石的四个女儿中最广受关注的一位。多年来,她不仅创作了大量的优秀作品,还写作了许多关于傅抱石的文字,以鲜活的材料,丰富了读者对大师傅抱石的认识与了解。

在傅益瑶的眼中,傅抱石是一位"慈父严师"。

◎ 傅抱石夫妇与女儿傅益瑶在傅厚岗家中

早在傅益瑶少年时,傅抱石就有意培养她的文学底子,但是由于古文学起来十分困难,因此傅益瑶学习的积极性不高。傅抱石给她买来《古典作品选读》之类的书,傅益瑶打开一看,里面打上了各式各样的记号,并说明了哪种记号下的内容要背诵和熟读才能有长进,哪些可读可不读,哪些不能读,读了反倒给学习带来困扰。傅益瑶为父亲如此的细心、用心而感动,从此发愤学习古文,并在父亲的"记号"指引下,越学越喜欢、越学越投入,越学越有收获。

在读书上,傅抱石不让傅益瑶去看那些"报屁股"、笑话等粗浅的东西,要学就要从攻克难懂的文章开始。在做人上,傅抱石也教导她一定不能为了图方便而松懈自己。在绘画上更是如此,傅抱石告诉女儿,绘画只有先把笔用熟练了才有进步。他打了个比方说,当时有人嫌日本笔不好用,太适应不会画画的手了,这样只能是把作画的人带入歧途,让他们只知道在工艺上动脑筋,不肯在作画上下功夫。这些话一直激励着傅益瑶在创作的道路上不断探索与学习。

傅抱石不仅教女儿怎样读书,更在意教她怎样去做一篇文章。相对于女儿作文之外的学习成绩,傅抱石并不十分关注,但是女儿的作文他是一定要看的。尤其在傅益瑶进入高二、高三学习时,她的个性与人生基调正在形成的过程中,在傅抱石看来,作文是女儿内心世界的一种表露。因此,他需要了解,及时把握、及时引导。有一次,傅益瑶的作文得了一个"甲上",这篇作文还被老师当做范文,当傅抱石照例看她的作文时,傅益瑶颇有些得意。不过傅抱石看了文章,却给女儿泼冷水:"文章好坏,不是看你的用词作句,也不是看你的立意成章,是要看你是否真有感情,没有感情的东西,是不应存在的。"这番话一说,傅益瑶的心里顿时感到一阵羞愧,紧张地盯着父亲在翻看自己的作文时脸上细微的表情变化。一次,傅抱石在饭前看女儿的作文,看得十分地仔细、投入,甚至忘了给自己倒酒。这时,傅益瑶也不敢动筷子,直到父亲摘下眼镜,放下本子,她还在忐忑不安地等待着父亲的评判意见。结果傅抱石脸上堆起了难得的笑容,他对女儿说:"看来你是动了感情,有话可说,也有话想说,这点是最重要的。万变不能离开这个情字,自己不动感情,凭什么说给人家听，画给别人看呢？你一生都不要忘记这一点。"①其实，傅抱石不仅仅是在给女儿指点文章，更是在为她揭开万事万物相互联系的道理。这种联系由"情"而生，由"感"而发，激励着傅益瑶在人生的道路上充满情感与真心地去做每一件事。

傅抱石还喜欢带着傅益瑶去看戏。当时流行的戏剧有著名表演艺术家郭兰英主演的歌剧《小二黑结婚》、张继清主演的《游园惊梦》等等。傅抱石从戏里也能分析出许多道理，他认为张继清的扮相包含了古典的韵味，又保持着端庄、典雅的气质，把戏里的人物风格完全表现了出来。

◎ 傅益瑶

而与之相反，当时许多的京剧、昆曲演员不肯好好继承和钻研传统，只想着走时髦的路线，眼睛画俏了，嘴巴画得红艳艳的，以为这就是创新。其实他们既糟蹋了传统，也丝毫没有拿出比前辈们更好的表现形式，只落了个不伦不类的看相。

傅抱石对女儿的教育，是以一种平等的姿态进行的，他与孩子们交流，孩子们也喜欢与他交流。傅益瑶喜欢静静地坐在父亲的身边，凝视着他在台灯下刻制图章。他见女儿有兴趣，就一

---

① 傅益瑶.我的父亲傅抱石.上海辞书出版社，2006年8月第1版。

边刻,一边告诉她,图章是唯一不能临摹的美术表现形式,字可以摹,画可以临,唯独治印是既不能临也不能摹的。别看一枚图章小小的,只能在方寸之间刻上几个小字,但是天地乾坤间的无穷变化都在其中,这是制作者很难控制的东西,如果能控制住了,那么心中的乾坤便也奥妙无穷。他告诉女儿刻印者所需具备的条件,那便是要有广阔的胸襟,只有养成这样的胸襟,才能容得下乾坤,也只有这样的胸襟,才能发挥人的潜力,去冲破任何艰难险阻。

傅益瑶爱听父亲的话,因为父亲的话就是乾坤,他便是有这份胸襟的人。傅益瑶感觉有这样的父亲是最甜蜜的事情,他会领着孩子们自强不息地生活。

当然,傅益瑶也有调皮、犯错误的时候。由于生性活泼,傅抱石的这个女儿在中学上课时,有时会注意力不集中,又是看小说又是做小动作。傅益瑶在中学期间的家长会常常由妹妹傅益玉代劳,上到高二的时候,班主任给傅益瑶的家里写了一封信,意思是说当年的家长会一定要她的家长亲自来。傅抱石也觉得应当跟女儿的老师交流一下,可是当天他有个重要的会议,以至于赶到学校时,家长会已经开完了。那天天气很冷,傅抱石就在学校门口等班主任把开完家长会的家长们送出来,然后与老师谈了半个多小时。傅益瑶心里担心老师对父亲告状,可是,傅抱石与班主任谈完后,一句话也不说就带着女儿回家了。让傅益瑶没想到的是,傅抱石一开口竟说:"这个老师不好,太小女人告状了,不理解学生,她讲的东西我一点都不感兴趣,全是些鸡毛蒜皮的事情，我看这个老师不给你好评也就罢了。"①

傅抱石的话差点没让女儿掉下眼泪来。傅益瑶本就与这位老师话不投机，也不太服气她，但是老师毕竟是老师，一般家长总要给老师一些面子。可是傅抱石的性格就是这样直爽，认为不对的事情，就是要说出来。他对女儿说，那个老师说的关于她的问题都不是原则性的错误，顶多是些性格上的小缺点，不应该当成品格问题来批评。傅益瑶非常感激父亲的理解，这次事件反而使她更端正了学习的态度，她要以最好的成绩让老师刮目相看，让父亲为自己骄傲自豪。

傅抱石一家虽然有着深厚的绘画传统，但是傅益瑶小时候没想到自己也会进入这个世界。起初她觉得笔墨纸砚这些玩意有些土气，相比之下，她更喜欢戏剧、电影和小说。但是，她虽不爱自己画，却像喜欢看父亲刻制图章一样，喜欢看他画画。有一次，傅抱石画了一幅毛泽东诗意画《满江红·和郭沫若同志》。傅益瑶觉得特别，就临摹了一幅，也许是遗传基因的作用，她的画着实被父亲表扬了一番。其实，当时她只是想让父亲高兴，没想到接下来傅益瑶渐渐通过临摹父亲的作品找到了绘画的感觉，再加上父亲的指点，绘画水平自然突飞猛进。这时候，傅抱石再次为她指明作画的灵魂，便是先要"游"，再要"悟"——"游"就是游玩，就是观；"悟"就是要坐下来思考、分析——然后才是"记"和"写"，这样才能代山川而言。

作为父亲的傅抱石在孩子们的心中永远是严厉却又慈祥

---

① 傅益瑶.我的父亲傅抱石.上海辞书出版社，2006年8月第1版.

◎ 傅益瑶画作《翻山越领》

的。也许是傅抱石年幼时便失去父亲的关系,他总是给予孩子们最大的关怀。每天晚上,傅抱石都要做一件事,就是让孩子们依次把舌头和手伸出来给他看。等他看过他们的舌苔,摸过了一只只小手的温度后,才能放心地入睡。他对子女们的爱就凝聚在这些细小的地方,却让子女们永远无法忘怀。

三　　未完成的画

1962年,傅抱石在各地写生完成的作品,受到了党和政府的重视,也受到了广大艺术爱好者广泛的关注和认同。对于一个艺术家来讲,这无疑是最大的喜悦。不过这两年在各地写生,舟车劳顿加上伏案作画,过度的劳累让傅抱石的身体状况每况愈下。春天来临的时候,傅抱石的肩膀和手都感到剧烈疼痛,右手几乎不能举起,不仅作画就连吃饭都很困难。现在看来这应该是颈椎骨质增生引起的简单的职业病,不过当时的医疗水平不高,没有对他的这些病情有清楚的认知,经过多方治疗也都没有取得良好的效果。即使如此,傅抱石依然提笔作画,笔耕不辍。浙江省委书记霍士廉同志知道他的病况后,邀请他到杭州疗养。10月中旬,秋高气爽,傅抱石便率全家前往杭州,一边疗养,还不忘一边作画。

傅抱石此前不止一次到过杭州,但每一次都是匆匆而过。这一次,他终于了了多年的夙愿,倘徉在西子湖畔秀美的湖光山色之中,白堤、苏堤、凤凰岭一一踏遍,雨天和夜晚也常常散步其中,身心得到了前所未有的放松。在这里,傅抱石创作了一系列关于杭州如诗如画的景色的作品,如《西湖之夜》、《西湖秋雨》、《虎跑》、《钱塘江》、《西泠暮韵》、《苏堤春晓》、《西湖》等等。在杭州,他和郭沫若也多次往还,同游西湖,作画赋诗;与何香凝老人合作《赏雪图》;与何香凝、潘天寿合作作画迎新年;全家人在杭州度过了1963年的春节。年后的1月27日,傅抱石在二儿子傅二石的陪同下,乘专车前往新安江水电站、白沙大桥、梅城、桐庐等地游览写生。春天,他又去了龙井村踏访,品尝龙井泉水沏泡的正宗龙井茶,由此创作的《龙井道上》、《龙井初春》,细致描述了这段质朴的田园风光。在杭州休息期间,浙江省委招待演出了昆剧《西园记》,傅抱石被邀请观看,在小会堂巧遇锡兰(今斯里兰卡)总理班达那奈克夫人和陪同访问的周恩来总理。剧场休息时,周总理走过来和傅抱石聊天,还鼓励傅抱石的女儿傅益瑶向父亲认真学画。

傅抱石在杭州创作的绘画作品,后来集结出版成画册《浙江写生画选》。1963年10月到次年的4月,在杭州这半年的休整,又变成了傅抱石晚年的一次重要的写生活动。从作品中可以看出,他在此次的创作中,用彩比以前任何作品都多,而一系列的杭州作品的题跋上,更是可以一窥当时他的心情和心境。例如他在《钱塘江》上题了:"一九六二年十一月十七日承霍土廉、顶聪、王黎夫同志邀游玉皇山,此下山时俯瞰之江雄姿也";《桐庐》题曰:"桐庐位富春江畔,江水似碧玉,为平生所仅见,归来次日即涉笔成此,不知唐突名区否也";《新安江》上题:"新安山水,峰峦深厚,草木华滋,自明清之际以来,含孕画家至深,今又不同于往昔矣。一月二十七日曾往瞻仰,此甚上游印象也";《九溪》写道:"重重叠叠的山,高高低低的树,弯弯曲曲的路,丁丁东东的水。此民间咏九溪之句也。余日前三句较易画,惟水声难耳。"可以想见,傅抱石对杭州十分留恋,回到南京后,他还继续画了一些杭州的续画,如《烟雨西湖》等。不停地创作实践,不知疲倦地写生,让他的眼界与心胸得到更大的开阔,绘画的笔触更是有了前所未有的活力,画作技巧苍劲,非其他画家所能及。

1963年3月,他在《西泠暮韵》一画的题跋上写道:"将暂别杭州,率此记怀"。10月份,他以全国人大代表的身份重回老区写生时,也抽空又回了一次杭州,参加了10月25日的西泠印社六十周年大庆。在杭州华侨饭店会议厅举行的这次集会上,傅抱石被推举为西泠印社副社长。在其后西泠印社创建六十周年的金石书画展览会上,傅抱石以一幅《印人齐白石画像》参展。

1963年4月,傅抱石从浙江杭州回到南京傅厚岗六号的住处。当时新中国建设的步伐让这里不再安静,江苏省委考虑傅抱石的休息问题,提供了一套政府别墅。傅抱石一家于5月搬入这座位于汉口西路的别墅。这一年,江苏省国画院的学习班学生将要结业,学生们纷纷要求傅抱石老师作画示范。这时候的傅抱石,在公开场合作画,已经相当罕见了,人们都说,傅抱石作画不大让人看,怕别人看了偷学他的技法。对于此传闻,他的女儿傅益瑶解释说:"父亲作画前心里很有数,谋篇布局早想好了,大胆出击,小心收拾而已。他作画时不喜欢别人先批评,除了我母亲,因此不喜欢别人看他作画。因为旁人初看往往会不得要领,胡乱揣摩,如再发表什么意见,就会严重干扰父亲原先的布局想法,影响工作,这是坊间传说,父亲作画不愿有别人在跟前的实际原因。"①而他的学生喻继高也转述过从师母那里听来的话:"老师作画思想集中,就像演员一进入角色,什么都顾不得了。又喜欢喝酒,画桌总要放着大酒杯,后来才知道,为什么老师专门刻制了'往往醉后'的印章……老师的鼻炎重,画得紧张时,鼻涕流出来也顾不及擦。老师有个习惯,笔毛炸开时,为了顺齐,常常用嘴顺,由于形象不佳,所以才不让人看见。"②

端午节这一天,学生们齐候在国画院梧荫馆内,有幸目睹了傅抱石老师作画的风采。他即席挥毫落墨,画了一幅《听泉图》,先从近处的亭子人物开始画,背后的高山流泉大笔挥扫,亭下流水先用淡墨横笔画出波纹,树木用墨绿重染,水墨淋漓形成一片,近处的石坡用浓墨,山色用赭墨画成,山石周围云雾缭绕,远山画出后,更显得境界苍茫高原,泉声由远而近,波光粼粼,气韵生动。这次作画也算是他最后一次公开作画。这一年秋天,他创作完成《韶山耸翠》,画上题识:"抱石将有故乡之行,癸卯九月记。"随后,他就以全国人大代表的身份视察江西,他再一次回到了阔别多年的家乡——江西南昌,参观了八一南昌起义纪念馆和青云谱的八大山人纪念馆,并分别题字。随后,傅抱石又到九江登庐山,到宁冈登井冈山,游黄洋界、茅坪,再到瑞金等地,深入生活。此次故乡之旅,也是他又一次旅行写生活动,搜集了大

---

① 傅益瑶.我的父亲傅抱石.上海辞书出版社,2006年8月第1版.
② 于峰.学生们回忆先生生活趣事:傅抱石爱用嘴顺毛笔.金陵晚报,2004.10.5.

量的创作素材。此后他创作的一系列井冈山作品,如《黄洋界印象》、《井冈山》、《革命摇篮叶坪》,都是源于这次家乡之行,也为他后来到上海虹桥国际机场现场作巨幅大画埋下了伏笔。

1964年,毛泽东诗词十首发表,成为当时国内政治生活的头等大事。傅抱石为此立刻进行创作。他在同年3月12日给郭沫若的信上也做了详细的报告:"沫公、夫人道右:久未奉候,伏维道覆嘉兴,至祈至颂。自主席诗词十首发表,得拜读闳篇,启发殊深,全国美协曾布置,号召全国画家为诗词作画,原拟最近展览。晚两月来,除《为女民兵题照》一首尚未完成外,计已写得九首(过去二十七首中,已画二十一首)。其中《满江红》和公一阕,晚试用浪漫主义手法,构成一图,迭邀此间有相关同志研究,谬邀许可。因又扩为大幅,现托由荣宝斋先行托裱,再代为面叩崇阶,请求过目。如此画尚可成立,即敬乞在画上赐题主席原词,不仅晚无量宠幸,亦广大读者所乐见也。冒昧伏闻,叩首叩首。为此,肃叩崇安,并致敬礼。"①当时,傅抱石已完成的九件作品分别为:《西江月·井冈山词意》、《七律·到韶山诗意》、《七律·登庐山诗意》、《七律·和郭沫若同志诗意》、《浪淘沙·北戴河词意》、《七律·冬云诗意》、《七律·人民解放军占领南京诗意》、《卜算子·咏梅词意》、《七绝·为李进同志题所摄庐山仙人洞照诗意》。除了这些作品,在三四个月的时间里,傅抱石还画了一批其他革命题材的作品,如《长征第一桥》、《关公桥》、《井冈

---

① 山谷.艺术人生——走近大师·傅抱石.西泠印社出版社,2007年6月第1版。

山风光》等。

毛泽东先后公开发表共三十七首诗词,傅抱石基本上都做了诗意画,这些作品也构成了他毕生创作中很具特色又颇为新颖的一部分。在毛泽东诗词题材的背景之下,人们能够清晰地看到傅抱石独具特色的艺术特征。但就现在的眼光看,傅抱石在毛泽东诗意画上的创作,多少有些局促和刻意。首先,毛泽东的诗词,并不是全部都可以进行创作绘画的,在当时的历史情况下,毛泽东的作品作为时代背景下的特殊产物,为政治服务的目的不言而喻。特别是一些作品,细节难以捕捉,比兴的余地比较小,因此画面不够丰富。傅抱石本人在作这些诗意画的时候,创作时间普遍较短,在对画的理解上也不够自信。毕竟,在当时如果画作产生歧义,对画者本人而言,那可能会被一些不怀好意的人刻意地扣上帽子。傅抱石在所有的毛泽东诗意画上都会铃上"不及万一"的印章,这本是谦虚之意,但也是谨慎的表白。例如,在《水调歌头·游泳词意》中,他直接画了毛泽东浮游在水面的实景,表现了"万里长江横渡"的句意,这种构图和笔墨,与傅抱石一贯的潇洒写意判若两人,应该说是不成功的构图。既然不能获得最佳构图,那么下笔起来,就有勉为其难、图解诗词的嫌疑了。这只能说是出于政治环境的创作,是看诗作画,而不是引起感动后的创作。另一个例子是《蝶恋花》,他在《创作毛主席诗词画的几点体会》里直言道:"我曾试过各种各样的构图……我多次讲,只要有人提一句有力的反证,就会立刻被全部否定掉。主席的词是伟大的,画得好也是光荣的。但是,对画家来说,是一项危险的工作。"创作毛泽东的诗词画成了考试,要开座谈会,征求意见,要一个一个过关,在当时的历史背景下,傅抱石深感局促不安。

即便如此,经过多次努力,傅抱石的才华还是在某些作品中得到了精彩的发挥。1965年,傅抱石为郭沫若画了横幅大画《游九龙渊诗意》。这是一幅巨制,取材于郭沫若咏朝鲜金刚山九龙渊组诗:"白石乱溪流,银河落九州。"画面上,远处山峦起伏,瀑布从云中飞流而下,顺着山石奔腾,四周苍松、霜叶栩栩如生,山洞上还有人远眺,画面显得气势磅礴。郭沫若把这幅画挂在家中的客厅里,有一次,日本友人西园寺公一在郭沫若家里做客,看到这幅画,他彻底被震惊了,后来他描述了看到画时候的感受,说他的心魄完全被那雄浑、幽玄的景色,那新鲜的画面夺去了。有些人评论傅抱石晚年的作品,认为他晚年安逸、平稳,笔墨不如从前,缺少艺术张力。这些说法有失偏颇。在当时的背景下,部分作品沾染上政治风格不言而喻,但相当一部分作品,气概磅礴、纵横写意,而且比他以往的作品更大气、更雄浑、气势更甚。他在1964年和1965年创作了很多作品,包括取自王维的诗意画《山中一夜雨》、白居易诗意画《琵琶行》、毛泽东诗意画《苍山如海》、《无限风光在险峰》、《茅山雄姿》等。从这些画中可以看出,傅抱石晚年的画一如既往地保持着自己的风格,如果和其他作品做比较的话,那就是更多了一份雄浑、华滋和从容大度,是艺术家走向更为成熟的艺术风格的体现。

1965年,傅抱石的生命在毫无症状的情况下,走向了尽头。年初,他作为江苏省代表,到北京出席了第三届全国人民代表大会。傅抱石当时的身体状况很差,工作过度疲劳,高血压、心脏病日益严重,长期的鼻窦炎让他在睡觉时鼾声很大。尽管如此,他每天依然坚持作画写稿到深夜。他在6月给香港唐遵之的信中说道:"……未几,左臂复发炎剧痛,来事猛烈,眠食均艰。因一面注射'罗瓦尔精',一面请专家推拿,端午之前,稍复平常,然稍动仍作痛不已。医嘱三月内,切忌劳累。否则,一年一次,将逐步加剧而不可收拾。"这是老病,虽重,但不足以致命。

1965年秋天,中华人民共和国成立十六周年庆典即将来临之际,全国各地纷纷以经济建设的成就作为贺礼。上海虹桥国际机场的落成,就是其中献给国家的一份大礼。作为国家对外的窗口,上海机场拥有新中国第一流的设备,其机场候机大厅急需一幅大画,画幅尺寸基本等同于北京人民大会堂的《江山如此多娇》。作为《江山如此多娇》的画者之一,此次作画的任务又一次落在傅抱石的身上。此时的傅抱石已经过度劳累,加上嗜酒,他的高血压、手痛肩疼越来越严重,心脏也不好,心室扩大,心律不齐。江苏省委领导考虑到傅抱石的身体状况,就组建了一个创作班子帮助他,成员还有钱松嵒、宋文治、张文俊三人。1965年9月23日上午,中国民航总局派专机将傅抱石、钱松嵒、宋文治、张文俊以及美术家协会江苏分会的音茗送到上海。在上海机场,大家拍照合影,没人想到这张合影竟成了傅抱石最后一张留影。到达上海的第二天,上海市委副书记王一平到傅抱石住处看望他。对于这个任务,傅抱石一行人已经研究得很充分了,考虑到井冈山的题材比较适合,他向市委书记郑重建议重画井冈山。王一平听了以后,当场表示同意,这让傅抱石非常高兴。

在那个年代,画家本来的思路用意能够不被打断,已经非常难能可贵了。

《井冈山》和《江山如此多娇》一样,也是大型山水画。有过创作《江山如此多娇》巨画的经验,对于画好这幅画,傅抱石很有信心。而此前,傅抱石在1963年曾经去过井冈山实地写生,深入了解过实地背景。所以,他更加信心百倍,按计划构思。在上海,连日的奔波、座谈、构思绘画和研究布局,让他十分疲惫。9月28日,傅抱石从上海回到南京,稍事休息后又埋头整理从上海带回的关于《井冈山》的一些资料。29日上午,他和往常一样,起得很早,散步归来,忙碌一阵,终于支撑不住,上楼休息。他躺

◎ 1965年9月28日,傅抱石(右三)与张文俊(右一)、钱松嵒(右二)、宋文治(左三)等在上海国际机场合影。当时他们在机场作画,准备回南京稍事休息再回上海,但第二天傅抱石便因脑溢血去世了

在大摇椅上小睡,当时家里来了客人,夫人罗时慧正在楼下会客。十点左右,突然听到楼上发出一声异常巨大的鼾声,傅抱石在睡梦中与世长辞,没有遗言、遗嘱与任何交代,终年六十一岁。

关于傅抱石生命的最后时刻,赵清阁和张文俊都有清晰的回忆文字。赵清阁说:"一九六五年的九月深秋,抱石同志回到上海……二十七日,他来看我,我请他到文化俱乐部吃了顿便饭。他告诉我,他是应上海市委邀请,商讨为飞机场作画的事,他的情绪很好,精神抖擞……第二天晚上,魏文伯同志请他吃饭,回到锦江饭店给我电话,说他明天清早回南京,过了国庆节就再到上海,并且要耽误些天,直至完成画画的任务。从声音里我听出他又喝了很多酒(后来听说,他那天不但喝多了酒,还作了画)。我祝愿他一路平安,欢迎他下次再来上海。做梦也没想到,二十九日上午他回家后猝患脑溢血,与世长辞了!"①

陪同傅抱石去上海的绘画组成员张文俊,在其《忆抱石先生》一文中,回忆了29日上午回南京的情况:"在飞机上,我挨着傅老坐,我靠着窗口,傅老靠里边坐,看不见下面的东西,飞机很平稳,好像乘公共汽车一样。傅老仍然不停地向我讲井冈山的事。说说讲讲,飞机很快降落在南京机场,接着,我们的汽车已经等候在那里。我陪傅老同乘一辆车,汽车开到江苏省美术馆后边杨将军巷口,我要下车回家,向傅老告辞。他拉着我的手说:'你明天上午到我家,研究画井冈山的草图。'我说:'你太累

---

① 山谷. 艺术人生——走近大师·傅抱石. 西泠印社出版社,2007年6月第1版。

了,要好好休息,明天上午我不去,下午一定去,上午你好好休息。'……9月29日上午,我去中央路117号钱老那里……我告辞钱老回家已是上午十一点多钟,刚到家门口,我爱人告诉我画院找我,说傅老生病,让我快去,当即我骑自行车奔向汉口西路132号,爬上小山坡,进入楼下客厅,傅师母告诉我傅老早晨起来还在楼上楼下走动,等她送走客人,上楼看傅老,已经不能讲话,脸色也变了。我急忙跑上楼,傅老坐在沙发上,闭着眼睛打呼,脸色发红,嘴唇有点发紫。当即,我打电话给省委宣传部、省文联党组、医院,很快领导同志、医生都来了。医生看了,说是脑溢血,不能动。这时候只好听医生的,等着傅老苏醒,着急也没有用。等到下午一时许,傅老停止呼吸了,他带着'井冈山'的构思走了!我们一下子都惊呆了——一代艺术大师就这么匆匆地去了!"[1]

女儿傅益瑶在追忆父亲最后一面的时候,文字中饱含深情。傅益瑶当时刚上大学,大学入学后的第一个星期天,傅抱石带着女儿到城南,先去了杨公井的古旧书店,跟店长说:"我的女儿现在是中文系的大学生了,要让她开始学会独立地做学问才行。"傅抱石向店长要了各种各样的辞典,不仅有《古代人名辞典》,更有《古代地名辞典》,甚至还有《古代方言辞典》。傅益瑶很奇怪地问为什么要这些似乎用不着的东西,父亲说:"你慢慢就会知道,做学问时这些是必不可少的。我那时因为穷,买不起,只能

---

[1] 山谷.艺术人生——走近大师·傅抱石.西泠印社出版社,2007年6月第1版。

用学校图书馆的。可是图书馆的书，借了就要还，有时一懒，就把搞不清的问题搁置下来，也就始终搞不清了。我不能让你也这么拖沓，所以先给你准备好。"随后又到夫子庙的古董店，向熟识的古董店老板要原拓的年代旧的好字帖。傅抱石说："我要买来给我女儿练字，所以一定要旧的原拓，否则精神全跑了，再也练不出来。"从古董店出来，傅抱石领着傅益瑶去永和园吃小笼包子。回到家，傅抱石叫门，傅益瑶在傅抱石身后看着父亲，顿时觉得心酸起来："突然觉得父亲有些衰老，他的头发虽然没有掉，但是却白了，不由得心酸起来。我最害怕这种叫作预感的东西，但这一次的确是我们父女俩最后一次外出。"那天晚上不到九点，傅抱石就上楼休息了。他对女儿说，明天早上我送你。那时傅益瑶读的中文系在距市区四十公里外的句容分校，要坐长途汽车，必须早上五点多就要出门。早上起来，看看父亲没有动静，傅益瑶就准备自己动身了。忽然，平常很难得早起的傅抱石在楼梯口叫住女儿说："我今天不舒服，就不送你了。不过送你四个字，你要记住，就是'谦虚谨慎'。谦虚不是要对别人谦虚，是要对自己谦虚，你总对别人说我不行，那有什么用呢？自己行不行一定要清楚。谨慎是要对人谨慎，只有谨慎，才能保护自己。"[1]傅抱石还告诫女儿一定不要说谎话，但也不要轻信别人。看着披着衣服、俯着身子的父亲，听他千遍万遍的嘱咐，傅益瑶感动得都快要哭出来了。然而让傅益瑶万万没有想到的是，不久之后，父亲傅抱石就瞑目而去了。

---

[1] 傅益瑶.我的父亲傅抱石.上海辞书出版社，2006年8月第1版.

傅抱石的追悼会在南京中山南路殡仪馆举行，华君武代表中国美协专程前来治丧。傅抱石的骨灰被安葬在城南菊花台望江砚朝南的山坡上。多年以后，傅抱石的多件作品被故宫博物院入藏，这也是对这位人民艺术家最好的褒奖。现在的故宫博物院，收藏有傅抱石的绘画作品共四十四件。其中，郭有守先生捐赠了八件，傅抱石夫人罗时慧捐赠三十三件，另外还有政府官员接受礼品后拨交的三件。郭有守是1966年起义回国的原国民党驻比利时使馆文化参事，于1972年向国家捐献了一批文物、图书，其中包括傅抱石的八件作品《山水人物画》《竹林七贤图》《柳荫放牧图》《山水清音图》《秋风红雨图》《雨后云山图》《夕阳欲下图》和《林涛图》。1973年1月，故宫为郭有守颁发捐献证书和奖金以示表彰。郭有守回国后，给时任郭沫若秘书的王廷芳写信，称1946年他带去法国的傅抱石绘画作品仍存放在法国巴黎东方艺术博物馆。郭沫若征得傅抱石夫人罗时慧的同意后，通过外交部向法国政府进行交涉，法国政府极为友好，同意将傅抱石先生的作品如数归还，且免收保管费用。其后，罗时慧女士亲自到北京清点，办理捐献手续，由故宫博物院接受、保管。三件政府拨交的傅抱石画作，其中两件为周恩来总理拨交。1944年11月16日是郭沫若的五十三岁生日，傅抱石等一批好友前来贺寿，当时任三厅政治部副主任的周恩来专程赶来。聚餐后，高龙生、傅抱石、李可染也特地在文工会举行了一次小型画展。周总理非常喜欢傅抱石的其中两幅作品《夏山图》和《湘夫人图》，于是傅抱石就将两幅画赠给周总理。后来，两幅画一同随周总理返回陕北，又进入中南海，最后入藏故宫博物院。另一幅《持币舟游图》也是当时郭沫若五十三岁生日当天,傅抱石赠予郭沫若的,此后这幅画也由中南海拨交给了故宫。

  一个伟大的艺术家死后,凝结了他一生心血的作品,被世人肯定并送入故宫博物院,这也是傅抱石作品的最佳归宿。

四　一笔珍贵的精神财富

  傅抱石先生说中国画应当具有三种精神,一是超然的精神,二是民族的精神,三是写意的精神。所谓超然的精神,是由线条、气韵和自然相结合,形成的永远向上、永不停止追求的精神,正是这种精神让中国画无论在什么时期、怎样的环境下,都能够继续前进。而在民族精神的感召下,中国画重人品、修养和个人的节操,这一贯穿于中国美术史的永恒主题激励着一代又一代的中华画家以个人的精神去感悟民族的精神,以个人的力量去促进民族的发展。对于写意,傅抱石一直认为"中国画画一个人,不只是画外表,而是要像这个人的精神,一般人所谓'全神气',即是要把这人的精神表达出来。"所以他说:"中国画要画的不是形,而是神。"这种精神诞生于"中国画的工具和材料中,尤其是中国人的思想"。

傅抱石认为,中国画体现民族文化的传统,是劳动人民智慧与天才的结晶。虽然,其中包含着糟粕和缺点,却不能掩盖它随着社会发展体现出的人民喜闻乐见、接近于丰富生活本身的表现形式与技巧。封建时代,统治阶级利用绘画作为宣传、教育工具,用它来表现国家政治和经济上的繁荣,由此中国画流传到民间,也在一定时期成为士大夫和所谓的文人雅士的消遣工具。但是,这些表象之外,中国画的的确确担任着传承文化传统的重任,正是其不同时期的不同表现形式和表现角度,综合起来才是一个完整的中华发展史。

傅抱石所生长的时代正是中华民族从贫困中复苏和崛起的关键时刻。在解放以前,很长一段时间内,中华美术沉迷于历史的辉煌,安于体现绘画中"静"的一面,而恰恰与艺术上的被动相对应,当时的中华民族也缺乏前进的动力。于是,傅抱石大胆提出让绘画"动"起来的观点。他在1942年《壬午重庆画展自序》中就说过:"我认为画面的美,一种自感而又感人的美,它的细胞中心不容有投机取巧的存在,它虽然接受画家所加的一切法理,但它的最高任务,则绝非一切法理所能包办,所能完成!当含毫命素水墨淋漓的一刹那,什么是笔、什么是纸,乃至一切都会辩不清。这不是神话,《庄子》外篇记的宋画史'解衣盘礴'也不是神话。"因此,他认为必须"极力使画面'动'起来的"。

壬午画展可以说是傅抱石在金刚坡创作高峰时期作品的集中展现,其中《石涛上人像》、《屈原》、《巴山夜雨》、《大涤草堂图》都是极其精彩的代表作。与此同时,"抱石皴"也在此时出现,这个技法从形式上,将传统的线、皴、点之类的程序形式来了一个大改变,充分发挥出山石浑厚、雄浑的风格,是对中国山水画技法的一次全新创造。而从更深的层次可以看到,"抱石皴"的出现,来源于傅抱石对中国画的历史深刻的了解,它有着时代因素和思想基础,是傅抱石为中国画当时的状态开出的一剂良药。

有了壬午画展的基础,傅抱石先生又在1944年写作的《中国绘画在大时代》的文章中提出:"依仁游艺,触目惊心,现在倡导的精神总动员,中国画实是一种莫大的力量,不但画者'动',不但当时'动',即千百世之后也是'动'的……中国画的精神,既是民族精神的最大表白,而这种精神又正是和民族国家同其荣枯共其死生的。"

从1942年到1944年,傅抱石连续三年在成都和重庆等地举行个人画展。这一时期,他的作品中用笔"横刷竖扫、迅猛激荡",有风雨飘摇之势,是其当时美术个性的体现,也是用画笔来抒发对时局和人民"动"起来的呼唤。1943年,傅抱石创作的《相将谢尘埃》、《萧然放艇学渔人》等作品,虽然层次上还有欠缺,但是"抱石皴"的形态已经具备。次年作的《万竿烟雨》已将他的山水画推向了巅峰,其用"抱石皴"皴染的山峦淹没在烟雨中,层次丰富、宁静安详。但是看图的人却有一种暴风雨即将来临的不安之感,傅抱石的用意正是让"动"起来的山水,去激起人们为国忧心,以投身救国的行列中。1945年他所画的《潇潇暮雨》、《听瀑图》等,将祖国处于风雨飘摇之中的情绪渲染到了极致,成为傅抱石在新中国成立之前,极具强烈代表性的爱国宣言。

"中国画需要'变'毫无疑问。""金刚坡下山斋"的八年,傅抱石在"抱石皴"上的创造就是"变"的实践。而经过出访欧洲、二万三千里写生、东北写生等等,傅抱石一直在追求着民族精神上的跨越与改造。

随着新中国的成长,傅抱石的画作内容也在不断增加新的内容。诗意画一直是傅抱石所钟爱的,他将历史典故和自然界变化多端的山水相结合,纵情展露自己的思想。在进入新中国后,他的绘画内容又开始关注新社会的万千气象,讴歌人民在建设祖国大家园中的种种伟绩,歌颂祖国的壮丽山河。通过大江南北的行走和观察,他开始追求写生中的探索,又在后来朝着毛泽东诗意画的方向做出了大胆的转变,为中国关键的历史时期留下了许多珍贵的精神财富。

1949年到1959年,新中国成立以来的最初十年中,中国画在中国共产党的领导下向着百花齐放、百家争鸣的方向发展,也是傅抱石自身艺术事业的又一个高峰。但是,这段时间,为了适应新时代的特殊环境,他也不得不经历了一次次痛苦的思考与改造的过程。在一些运动和口号的影响下,大批画家的创作受到了多种多样的制约。在各方压力和极"左"思潮的泛滥中,这些画家甚至对绘画产生了一些疑惑和畏惧。以傅抱石的个性,他是很难适应当时的艺术氛围的,即便有友人们的帮助与保护,使他在每次运动中最后都顺利过关,但是他也作出了很多"检讨","说了一些违心的话,做了一些违心的事",更令他痛苦的是"还画了一些违心的画"。为配合当时的政治形势,他在1953年创作的《抢渡大渡河》,1954年创作的《四季山水》,1955年创作的《玄武湖》,1957年创作的《大军渡过黄泛区》都隐约可见谨慎与修饰的笔触。在日本留学时期,傅抱石就提倡"写意画",而反对"装饰画",以至于当时他决定将日本留学的学习目标锁定在美术史的研究,而放弃对充满装饰色彩的日本画的学习。由此可见,20世纪50年代的傅抱石思想负担极重。然而,他始终坚持继承传统与笔墨革新的共同发展,常常借着酒精脱离虚伪矫饰的环境,去追求画的真实世界,这也构成了他艺术生涯不可或缺的重要部分。

傅抱石借用了石涛的一句话"笔墨当随时代",这是他在1959年的夏天,参观了贺天健的个人画展后为自己题下的感悟。这份感悟源于贺天健老先生以花甲之年,甘愿冒着让人误以为后来他创新的作品不如以前好的风险,也毅然决然地随时代而变,这份执着与信念让傅抱石敬佩不已。

在解放前,很多老画家已经画出了名堂,本可以享受赞誉与优质的生活,但是在新中国成立后,他们纷纷自觉地进行绘画的创新探索。他们下农村、进工厂,积极接触旧社会所没有的新人新事,把自己放置于大自然和新社会人群中去,不耻下问地与青年人共同研究、相互探讨。贺天健老先生就是其中的代表,他是从旧社会过来的人,在开各种研讨会时,总是大方地称自己为画"行画"的,也就是把作画当成自己的职业,成批而廉价地卖给画铺,换钱为生的职业画家。这类画家原本不被将作画当做兴趣爱好的文人雅士放在眼里,他们在旧社会被轻视、被无情地剥削。贺天健先生却将曾经为生活而作画的情况直言不讳地告诉同行们,这种甘愿"自揭老底"的无畏与坦诚精神,也构成了老先生其后坚持自我创新的基础与动力。

只要美术协会召唤他,只要同行们有写生活动邀请他,他都要参与。由于年纪大了,有次在写生中,贺天健先生竟受了伤,回家躺了好一阵子。但是刚一康复,他又参与到写生创作当中。他对别人的帮助牢记在心,逢人便说。比如有一次画大画,有位新同志给他提出了一些建议,让他把炭条绑在竹竿上画,就这么一个小创意就让他赞不绝口。贺老在解放前的画表现形式丰富,对传统的继承非常扎实。但是,后来他一心去画新时代、新气象,结果有些画作对人物和景物的刻画显得还无法融会贯通。在这样的情况下,他不怕被人嘲笑,没有放弃,依然勇气百倍地坚持向自己挑战,去创造新的作品。这份精神,在傅抱石看来正是"笔墨当随时代"的最佳表达。

在1961年2月26日的《人民日报》上,有一篇题目为《思想变了,笔墨就不能不变》的文章,那源于傅抱石答友人的一封信。这封信中,傅抱石对石涛的话有了新的解读,那就是走出去,从写生创作中体会世界的新变化。1960年9月,美协江苏分会组织了以江苏国画院为中心的"江苏国画工作团"写生旅行。原本这些画家们只呆在景色秀美的江南,生活和活动的范围狭小,这一次他们通过二万三千里的旅程,彻底走出画室,参观了毛主席故乡、武汉、广州等地的革命圣地,峨眉山、华山、龙门石窟等中国文化瑰宝,还有六个省的十几个城市。他们融入自然,融入新社会,用心去体会、用画笔去表现社会主义经济建设的发展成绩。在经过清醒的思考之后,傅抱石总结说:"只有深入生活,才能够有助于理解传统,从而正确地继承传统;也只有深入生活,才能够创造性地发展传统。笔墨技法,不仅仅源自生活并服从一定的主题内容,同时它又是时代的脉搏和作者的思想、感情的反映。""由于时代变了,生活、感情也跟着变了,通过新的生活感受,不能不要求在原有的笔墨技法的基础之上,大胆地赋以新的生命,大胆地寻找新的形式技法,使我们的笔墨能够有力地表达对新的时代、新的生活的歌颂与热爱。换句话,就是不能不要求'变'。"①

1961年,傅抱石在谈及写生与创造相互的关系时,他又提出要画生活本质的东西,这不能是看到什么就画什么,而要有选择地找准所要画的对象,在创作前确定想要表达的思想,再运用相对应的方法来表达。他画了一幅名为《待细把江山图画》的作品,以往画家画华山,通常只画局部,不能把华山的雄姿表现清楚。傅抱石虽然也只画山的一部分,却以青山为衬景,再把人与建筑缩小,使之与山的雄伟形成鲜明的对比,以艺术化的创新,来表现对祖国山河的热爱之情。

傅抱石的性情和人品是构筑他思想中"中国画精神"的基石。关于他"往往醉后"的故事,中国美术界早已传为佳话。有幸目睹他作画的人都知道,傅抱石作画前须喝上半瓶酒,有时候画到高兴处,还要边喝边画。1959年与关山月先生一起应邀去

---

① 傅抱石著,山谷编.傅抱石谈中国画.中国青年出版社,2011年1月第1版。

北京，为人民大会堂创作《江山如此多娇》巨幅山水画的时候，傅抱石也是在周总理的帮助下，搞到了两箱酒才能完成作画任务。但是因为开始绘画这幅作品的时候，创作的灵感没有充分激发出来，傅抱石一直深感遗憾，想要重画一幅。1960年前后，各种灾难导致粮食的供应都成问题，更别提酒了。到了1961年，国家经济好转的时候，傅抱石比较容易得到好酒，这才去北京提出重画《江山如此多娇》的要求。周总理关心傅抱石的健康，知道画这样的巨幅作品，耗力巨大，于是他安排傅抱石去了东北写生三个月，才劝阻了他重画的要求。酒助长了傅抱石率真的性格，对艺术不懈的追求，也成为他构建绘画精神的良药。

傅抱石不懈地追求着心目中神圣的艺术理想，履行着一名艺术家"严肃的责任和伟大的使命"。本着这种责任感和使命感，他和同行们一道，深入生活，进行写生实践，在整个中国美术界引起了勇担重任、创新改造的风潮。1959年前后也成为傅抱石在艺术思想的探索上最为辉煌的一段时期。除了在画坛广为流传的《笔墨当随时代》、《思想变了，笔墨就不能不变》，还有《俗到家时自入神》、《关于中国画的传统问题》、《在毛泽东的故乡》、《江山如此多娇》、《中国绘画史的新页》等对美术新思想的阐述，在这些文章中有着共同的方向，那便是用精神思想去引导作品，而这个思想，傅抱石认为应当是"人民性和现实主义精神"。

著名的美术评论家马鸿增先生在研究傅抱石的文章《傅抱石与"新金陵画派"》中，明确指出傅抱石对当下的意义，从他开创新金陵画派，并给其注入核心灵魂，可显而易见。20世纪的中国画坛,有六个以地域来分的画派,为中国美术的发展起到了巨大的推动作用,它们分别是岭南派、后海派、京派、新金陵画派、长安画派和新浙画派。所谓"新金陵画派"是与旧金陵画派来区分的。早在清康熙、乾隆年间,以龚贤为首的八位画家从南京地区一带崛起,成为中国画坛一股不可忽视的力量。虽然他们后来各自的艺术成就有所不同,但是相聚在南京,并用手中的画笔,画出了一份气质、一方天空。以傅抱石为首,钱松喦、张文俊、亚明、宋文治、魏紫熙等老一辈艺术家,在新中国成立后的和平年代中崛起。他们从写生中寻找和发挥自身的艺术特点,也同样经历了一段曲折探寻的过程。而与旧金陵画派不同的是,傅抱石起到了关键的"革新"的作用。他以自己经过新旧时代的犀利的探索经验为基础,更加熟练地将传统山水画技法与新生活的现代表现方式相结合,为新金陵画派这个整体找到了思想的凝聚点。因此,他当仁不让地成为了新金陵画派的领军人,并由新金陵画派将他的精神发扬开去。

1956年6月,为推进中华美术事业的发展,中央首先在北京和上海成立国画院。紧接着在1957年2月,江苏省国画院筹委会成立,成员有傅抱石、吕凤子、胡小石、陈之佛、亚明、张文俊等。当时五十二岁的傅抱石担任着全国政协委员和中国美协南京分会(后改为江苏分会)筹委会主任的工作,他早已经是扬名海内外的国画大师和美术史论家,于是成为了江苏省国画院院长的最佳人选。傅抱石也不负重托,以自己成熟而独具魅力的绘画技法与虚心求教、不断创新的画品,带领着来自五湖四海的画家们开展了稳步有序的创作工作。他们不仅在国内写生,还积极参与国外的画展和艺术交流活动,使江苏的美术发展迎来了空前繁荣的时期。

1961年5月,来自江苏的画家们在北京中国美术馆举办了一场名为"山河新貌写生画展"的活动。傅抱石带来了作品《待细把江山图画》《西陵峡》《枣园春色》,其他画家们也带来了许多风格成熟、立意积极的作品,如钱松嵒先生的《三门峡水库工程》《延安》《红岩》,宋文治先生的《山川巨变》,亚明先生的《华山》《三峡夜航》等等。这一次画展,让新金陵画派在全国美术界得到了充分的肯定和赞誉,以江苏浓厚的人文情怀建立了标志性的绘画风格,用群体的力量去展现了祖国山河的新风貌。

对于傅抱石为新金陵画派注入的核心精神,马鸿增先生给予了非常准确的分析,他认为其中包含了两种意识与两种精神,那就是自觉的创新意识和辩证的民族意识,高尚的人文精神和激情的写意精神。马鸿增先生说:"傅抱石艺术思想的四个要点,具有鲜明的时代性和深刻的哲理性,其中有的产生于新中国成立之前,而在后来又得到了明确的深化;有的是从艺术创作实践中得到新的升华和强化。其巨大的理论力量,深深影响着新金陵画派的同仁,因而成为大家认同的共识,并成为指导创作的原则。""傅抱石与新金陵画派均已载入20世纪的美术史,改革开放以来艺术多流向的格局亦已形成,时代呼唤新一代中国画的代表性人物和代表性画派。他们应是站在前人肩膀上奋力开拓进取的大智大勇者……历史将永远不会忘记傅抱石和他开创的新金陵画派。"①

不仅仅是在江苏、在中国,傅抱石的名字也深深地刻入了世界美术的殿堂。由于留学的缘故,傅抱石与日本有着不解之缘。原本这个国家的文化艺术自古都是从中国学习,然后才能配合本国的民族特点和国情加以变化。除了文化、美术,就连法制、制度等都模仿中国,可以说日本自古的哲学思想一直是中国的追随者。可是这样的追随在19世纪中叶产生了变化,经过明治维新之后,日本开始了向西方学习的思潮。当时欧美列强经过工业革命,军事、政治越发强大,文化艺术也空前繁荣。而此前繁荣昌盛的中国,依旧固步自封,国力已大不如前。鸦片战争中,中国败在了西方的船坚炮利之下,甲午战争更是输给了东方岛国。中国要发展,就必须学习欧美,甚至日本的科学技术,即使是向来不可一世的艺术文化也需要向外部借鉴。傅抱石正应了当时的潮流,去日本寻找拯救中华艺术文明的方法。

在日本留学的两年中,傅抱石师从金原省吾先生,研究和创作了许多关于中华美术史论的研究作品。他的画展也使中国艺术家的名字再次蜚声国际画坛。同时,傅抱石也广交志同道合的爱国人士,其中郭沫若先生就成为了他一生的挚友。他们不仅研究艺术,更研究如何以艺术精神让祖国走向富强。

日本美术家味冈义人先生对傅抱石留学的探索经历有这样

---

① 马鸿增.傅抱石与新金陵画派(傅抱石研究文集).上海书画出版社,2009年12月第1版

的评价:"从作品中窥知他鉴赏了很多日本名画,并从中积极地吸取其优点……傅抱石说:'中国画僵了,应该重新赋予新的生命,新的面目,使适合当时代的一切。'他这种想法,亦可说是源于日本的留学生涯。"①

日本当代美术评论家吉村贞司先生对傅抱石的艺术精神,对于整个时代的贡献给予了极高的评价:"我在为今天美的衰退深深忧虑着。如果仅从现象上来看的话,与'美'有关的人口,如此庞大,恐怕没有一个时代超过现在吧,但是实质上的衰落,却是显然的……我们不能不站在新的立场上重新来欣赏他,研究他,不能不心悦诚服地说:他是一位诗人,在他画面上迸涌出来的整个大自然的生命就是傅抱石的美的本质。傅抱石所得到的世界性的高度评价,我从心底里感到欢乐,这证明人类渴望自己是人,渴望表现人类史是人的艺术这一不灭的真理。"②

傅抱石的作品,在各大拍卖会上的表现持续昂扬。2011年,姑苏集珍2011春拍,《湘夫人》拍出2 250万元;2011年6月,保利春拍,《屈原》拍出1 000万元,同场拍卖会上,《林泉高逸》以3 600万元落槌;在北京歌德2011年春季艺术品拍卖会,《观瀑图》则以5 692元落槌,领跑近现代书画专场。2011年11月,瀚海秋拍,《毛主席诗意册》以2.3亿成交,创下了傅抱石书画作品

---

① (日本)味冈义人.近代中日美术交流与傅抱石.(傅抱石研究会编.傅抱石研究文集.上海书画出版社,2009年12月第1版)
② (日本)吉村贞司.宇宙的精神 自然的生命——傅抱石的中国画.(傅抱石研究会编.傅抱石研究文集.上海书画出版社,2009年12月第1版)

拍卖的最新记录。而由其领导的新金陵画派的画家作品也纷纷成为市场追捧的热点。纵然先生早已去世多年,但是他从未被世人遗忘,正如他所追求的中国美术的精神从没被人遗忘一样,他的思想随着时代的变化一次又一次被升华、提炼,留给后人历久弥新的精神财富。

本书参考资料

[1] 傅益瑶. 我的父亲傅抱石[M]. 上海辞书出版社,2006年8月第1版

[2] 傅抱石. 往往醉后[M]. 江苏文艺出版社,2006年4月第1版

[3] 傅抱石研究会编. 傅抱石研究文集[M]. 上海书画出版社,2009年12月第1版

[4] 陈传席. 傅抱石[M]. 河北教育出版社,2000年10月第1版

[5] 沈左尧. 傅抱石的青少年时代[M]. 上海书画出版社,2009年12月第1版

[6] 山谷. 艺术人生——走近大师傅抱石[M]. 西泠印社出版社,2007年6月第1版

[7] 傅抱石著,山谷编. 傅抱石谈中国画[M]. 中国青年出版社,2011年1月第1版

[8] 傅抱石研究会编. 其命惟新——傅抱石的一生[M]. 上海书画出版社,2009年12月第1版

[9] 龚良. 江山如此多娇:傅抱石"毛泽东诗意画"作品集

[M].荣宝斋出版社,2010年12月第1次印刷

[10] 马鸿增.大美境界　气韵清雄——傅二石山水画的艺术特性(《当代中国山水画选集——傅二石作品集》[M].上海人民美术出版社,2012年3月第1版)

[11] 冯秋红.雾里看画[M].江苏文艺出版社,2011年9月第1版

[12] 李有光.陈之佛与傅抱石书画情(《傅抱石信息资料5》[M].南京博物院编)

[13] 傅珊珊.张光宾回忆傅抱石(《傅抱石信息资料5》[M].南京博物院编)

[14] 黄名芊.大师风范——两万三千里写生轶事(《傅抱石信息资料5》[M].南京博物院编)

[15] 尹树德.傅抱石开创中国画的新纪元(《傅抱石信息资料5》[M].南京博物院编)

[16] 陈履生.傅抱石全集[M].广西美术出版社,2008年3月第1版

图书在版编目(CIP)数据

其命惟新——傅抱石/奎潮,光霁编著. —南京:南京师范大学出版社,2012.8
(随园大家丛书)
ISBN 978-7-5651-0971-3

Ⅰ. ①其… Ⅱ. ①于… Ⅲ. ①傅抱石(1904～1965)—传记 Ⅳ. ①K825.72

中国版本图书馆 CIP 数据核字(2012)第 190218 号

书　　名	其命惟新——傅抱石
丛书策划	丁亚芳　戴联荣
作　　者	奎　潮　光　霁
责任编辑	丁亚芳
出版发行	南京师范大学出版社
地　　址	江苏省南京市宁海路 122 号(邮编:210097)
电　　话	(025)83598919(传真)　83598412(营销部) 83598297(邮购部)
网　　址	http://www.njnup.com
电子信箱	nspzbb@163.com
照　　排	南京理工大学印刷照排中心
印　　刷	南京精艺印刷有限公司
开　　本	880 毫米×1230 毫米　1/32
印　　张	8.5
字　　数	184 千
版　　次	2012 年 8 月第 1 版　2014 年 12 月第 2 次印刷
书　　号	ISBN 978-7-5651-0971-3
定　　价	26.00 元
出 版 人	彭志斌

南京师大版图书若有印装问题请与销售商调换
版权所有　侵犯必究